古代經傳與文化內涵
經傳寶典

四書、五經、三傳、儒學⋯⋯
禮與道，經典如何塑造社會與人心？

尚東發 主編
高立來 編著

作為文化瑰寶，
儒家經典承載著千年來先賢們對修身治國、
治世安邦的智慧和道德理念，
既是帝王將相治國理政的參考指南，也是平民立德修身的行為準則。

重新審視這些經典文獻背後蘊藏的思想力量，
揭示其對社會的塑造及對世界思想史的深遠影響。

目 錄

序言

儒家教材 —— 儒家四書

為人處世哲學的《論語》⋯⋯⋯⋯⋯ 010
提倡施行仁政的《孟子》⋯⋯⋯⋯⋯ 033
修身治國之學的《大學》⋯⋯⋯⋯⋯ 049
人性修養著作的《中庸》⋯⋯⋯⋯⋯ 058

最古文獻 —— 儒家五經

最早詩歌總集的《詩經》⋯⋯⋯⋯⋯ 070
最早的歷史文獻《尚書》⋯⋯⋯⋯⋯ 081
最早的典章制度《禮記》⋯⋯⋯⋯⋯ 090
最早的哲學著作《周易》⋯⋯⋯⋯⋯ 098
最早編年體史書《春秋》⋯⋯⋯⋯⋯ 113

史學寶典 —— 春秋三傳

- 最早編年體史書《左傳》……………… 130
- 闡釋微言大義的《公羊傳》……………… 144
- 強調禮樂教化的《穀梁傳》……………… 155

倫理綱常 —— 儒學著作

- 以人法天綱領的《周禮》……………… 164
- 先秦禮儀制度的《儀禮》……………… 174
- 儒家倫理觀之作《孝經》……………… 181

序言

序言

浩浩歷史長河,熊熊文明薪火,中華文化源遠流長,滾滾黃河、滔滔長江,是最直接源頭,這兩大文化浪濤經過千百年沖刷洗禮和不斷交流、融合以及沉澱,最終形成了求同存異、兼收並蓄的輝煌燦爛的中華文明,也是世界上唯一綿延不絕而從沒中斷的古老文化,並始終充滿了生機與活力。中華文化曾是東方文化搖籃,也是推動世界文明不斷前行的動力之一。早在 500 年前,中華文化的四大發明催生了歐洲文藝復興運動和地理大發現。中國四大發明先後傳到西方,對於促進西方工業社會發展和形成,曾帶來了重要作用。

中華文化博大精深,是各族人民五千年來創造、傳承下來的物質文明和公德心的總和,其內容包羅永珍,浩若星漢,具有很強文化縱深,蘊含豐富寶藏。中華文化薪火相傳,一脈相承,弘揚和發展五千年來優秀的、光明的、先進的、科學的、文明的和自豪的文化現象,融合古今中外一切文化精華,建構具有特色的現代民族文化,向世界展示中華民族的文化力量、文化價值、文化形態與文化風采。

為此,在相關專家指導下,我們收集整理了大量古今資料和最新研究成果,特別編撰了本套大型書系。主要包括獨具特色的語言文字、浩如煙海的文化典籍、名揚世界的科技工藝、異彩紛呈的文學藝術、充滿智慧的中國哲學、完備而

深刻的倫理道德、古風古韻的建築遺存、深具內涵的自然名勝、悠久傳承的歷史文明，還有各具特色又相互交融的地域文化和民族文化等，充分顯示了厚重文化底蘊。

本書縱橫捭闔，採取講故事的方式進行敘述，語言通俗，明白曉暢，形象直觀，古風古韻，格調高雅，具有很強的可讀性、欣賞性、知識性和延伸性，能夠讓讀者們感受到中華文化的豐富內涵。

肖東發

序言

儒家教材 —— 儒家四書

　　《大學》、《中庸》、《論語》和《孟子》一起合稱為中國古代儒學「四書」，為儒家傳道、授業的基本教材。多少年來，「四書」在中國廣泛流傳，其中許多語句已成為膾炙人口的格言警句，影響特別巨大。

　　《論語》、《孟子》分別是先秦聖人孔子、孟子及其學生的言論集，《大學》、《中庸》則分別出自早期儒家的4位代表人物孔子、曾參、子思和孟子，被稱為「四子書」。這4部書都表達了儒學的基本思想體系，是中國研究儒學最重要的文獻。

儒家教材—儒家四書

中國上古時期，人文始祖堯帝傳位給舜時，在帝位交接那一天，堯舉辦了莊嚴而隆重的禪讓大典。堯對舜說：

諮！爾舜！天之曆數在爾躬。允執其中四海困窮，天祿永終。

這一句話表明，堯已經將天帝的神聖使命託付給了舜，堯告誡舜，要忠於這份神聖使命，並說假如舜辜負了使命使得四海困窮，那麼舜將被打入十八層地獄。堯對舜告誡很嚴厲，強調舜對四海的重大責任。

在舜禪讓給禹的時候，舜也同樣採用了這句話。禹最後本來應該把帝位禪讓給一個叫伯益的德高望重的人。但是，隨著社會發展，政權日益落入部落首領們的手中了，他們聚集在禹的兒子啟周圍，開始反對把帝位禪讓給伯益，並聯合起來打敗了擁護伯益的力量，最後啟打敗了伯益，繼承了帝位。

啟正式拉開了中國憑藉武力進行世俗制度管理國家的歷史大序幕，開創了中國第一個世俗強權的夏王朝。

到了夏王桀時期，年年發生天災人禍，夏王朝對內加強剝削，對外加強武力，結果鬧得眾叛親離。

這時，諸侯王商湯起兵討伐夏王朝，並採用祭拜天帝儀式，非常虔誠恭敬地向天帝宣布：

爾尚輔予一人，致天之罰，予其大賚汝！爾無不信，朕不食言。

意思是說，你們只要輔助我，奉行上天的命令討伐夏國，我就要加倍地賞賜你們！你們不要不相信，我是絕不會失信的。

商湯巧妙借助祭天儀式，成功賦予了自身天帝代言人身分，並把自己看作天帝兒子，稱作「天子」，表示自己是天帝兒子。

商湯打敗了夏桀，拯救了廣大人民。於是，人民也就對商湯這個自封的「天子」深信不疑。商朝開創了中國將對神的信仰置於世俗強權之上的格局。

由於商紂王時期，商王手握天命解釋權，實行武力治國，導致人民開始恐怖天命。這時，地處西邊的諸侯國周族首領姬昌，則針鋒相對地提出了「仁」，宣告天帝是仁慈的，於是大獲民心，力量也日漸強大。

姬昌的兒子姬發在公開討伐商紂王時，發表了一份宣言：

雖有周親，不如仁人。百姓有過，在予一人。

意思是說，雖然有血緣至親的人，但比不上有仁德高尚的人。百姓如果有過錯，責任全在我一個人身上。

姬發的這些話都是針對商的恐怖可畏的天命而去的。為了消除人民對商天命代言人的畏懼迷信心理，周武王還說了，即使人民有了過錯，上天也只會懲罰他一人。

姬發打敗了商紂，拯救了人民，人民也信賴這個行「仁」的天命代言人，他就是周武王。周武王追尊姬昌為周文王。

為了把天帝神權推向至高無上的位置，周武王經常在泰山進行祭天，好像一切都依據天帝的命令列事。周政權以天帝代言人自居，從而獲得了制定政策的最高權力。

在周武王去世後，其子周成王姬誦即位，當時由於周成王年幼，就由周成王的叔叔姬旦攝政當國。姬旦，也稱叔旦，因是周代第一位周公，又稱周公旦。他是周文王姬昌的第四子。

在周公攝政之前，商王朝對於臣服的方國、部落雖加有侯、伯等封號，但始終沒有形成完整的分封制度。沒有系統的控制方案，所以天下的方國時而臣服，時而反叛，使商政權很不穩固。

周公就從王朝的長治久安出發，吸取了商代的建制不完

備的教訓，開始對分封制重視起來，目的是使之系統化、制度化，並與宗法制度緊密結合起來，全面推廣到廣大地區。這樣一來，一個有別於商的新的分封制便呼之欲出了。

為了鞏固周王朝對分封的各個諸侯的管理，周公從政治及文化方面制定了一套完整的典章制度，史稱「周公制禮作樂」。

周公輔佐周成王一共 7 年，在第六年時，他在洛邑制禮作樂。後來洛陽的周公廟裡有個禮樂堂，就是專門紀念周公在洛邑制禮作樂的。禮樂堂位於定鼎堂的北邊，裡面有一組泥塑人物群像，再現了周公制禮作樂的場面。

周公發明制定了一整套禮樂制度，頒布給各路「神仙」，並以「禮」來劃分人間等級秩序，同時又以「樂」來調和該等級秩序，兩者相輔相成。由此，禮樂制度使周政權的國就管理和社會生活和諧起來。

由於周政權把很多人都抬到了神的高度，人民由此日益失去了對「天帝」的信仰。而這一信仰的瓦解，直接造就了一個物質繁榮卻世風日下的春秋時代。

在春秋末期，社會禮崩樂壞，國家諸侯割據。面對這樣的社會環境，士人們紛紛思考治國良策，並形成了不同的學說流派，於是，「百家爭鳴」的局面出現了。

儒家教材—儒家四書

　　早期的百家爭鳴並沒有什麼影響力，後來出現了一個叫孔丘的人，人們都叫他孔子，他的言論很具有代表性，在當時影響很大。

　　孔子是春秋末期魯國人，他祖先本是殷商貴族的後裔。周朝推翻商朝統治後，周武王封商紂王庶兄微子啟為宋，當時宋是夏的都邑。微子啟去世後，他弟弟微仲繼位，微仲就是孔子的先祖。

　　自孔子六世祖孔父嘉以後，後代子孫開始以孔為氏。孔子曾祖父孔防叔為了逃避宋國內亂，從宋國逃到了魯國。孔子父親叔梁紇是魯國出名勇士，叔梁紇夫人施氏一連生了9個女兒，卻沒生一個男孩。叔梁紇為此十分煩惱，晚年便又娶了年輕的顏徵在為妻。顏徵在為叔梁紇生了一個兒子，取名孔丘。

　　孔丘3歲時，叔梁紇便去世了。從此以後，家裡生活全靠顏徵在一人支撐著，生活過得十分拮据。孔丘從小就飽嘗到了生活的艱辛，並由此學會了體貼母親。長大成人的孔丘特別注重孝道，除了時代的原因外，也與他的成長經歷有著密不可分的關係。

　　受母親言傳身教的影響，孔丘自幼酷愛禮儀，尤其是對祭祀等一些古老的文化禮儀有著十分濃厚的興趣。孔丘6歲

的時候，有一天，有位貴族在曲阜南郊進行祭祀活動。孔丘得知後就連忙跑到舉行祭祀的地方，興致勃勃地觀看完發郊祭大典的整個過程。

祭祀結束後，年幼的孔丘意猶未盡，回到家便從屋裡找出一些罈罈罐罐恭敬地擺在院子裡，模仿剛才在南郊看到的祭禮，按照程序一絲不苟地認真演練了一遍。從此，模仿郊祭便成了幼年孔丘經常做的遊戲。

西元前542年，10歲的孔丘跟隨母親到外公家跟著外公讀書。4年時間，孔丘的外公顏襄把自己所掌握的豐富知識悉數教給了孔丘。孔丘在刻苦學習期間，仍不忘隨時隨地研習周禮。

孔丘17歲時，母親顏徵在去世了。母親離世後，孔丘的生活更為艱難了。迫於生計，他選擇了相禮助喪的職業，也叫喪祝，就是專門為貴族和富裕平民主持、操辦喪事。

按照當時禮制，喪禮儀式是十分複雜的，也頗為講究，尤其是富庶人家的葬禮更是隆重奢華。這種喪祝活動在西周時期主要是由王室和諸侯國的神職人員巫、祝之類擔任。後來，隨著社會發展，神職人員地位開始逐漸降低，並逐步散落民間，成為了專門從事喪祝活動的術士。

從此，喪祝不再是貴族的專利，一部分富裕起來的平民

在喪葬禮儀上也日益講究起來，對於喪祝的需求也越來越多。如此一來，喪祝便開始成為一部分民間知識分子的正式職業了。

孔丘雖然嚴肅認真地從事著助喪相禮的職業，但他卻不滿足於只做傳統的喪祝儒者，他希望把喪祝的禮儀發揚光大，使其成為一套社會規範的禮儀。於是他刻苦學習周禮，很快他淵博的學識和出眾的才華，在喪祝活動中得到越來越多人的承認和賞識，他的名氣也越來越大了。於是，便有一些年輕人慕名而來求學於他，並尊稱他為孔子。

在 23 歲時，孔子就開始在鄉間收徒講學。到 30 歲時，由於求學的學生越來越多，孔子便開始創辦私學，並提出「有教無類」，強調所有的人都可以接受教育。

在教學態度上，孔子認為應該「誨人不倦」；在教學內容上，他注重因材施教，提出對學生要做到有針對性；在教學方法上，他強調啟發的重要性，提出開導學生要掌握時機，要等學生實在無法想明白的時候再去開導他，認為如果不讓學生自己努力思考就直接幫助，反而會使學生養成不愛思考的壞習慣。

針對當時的禮崩樂壞，在教學過程中，孔子特別強調學生們要加強自身修養，強調做人要正直和仁德，他說：

人之生也直,罔之生也幸而免。

在孔子看來,一個人只有正直才能光明磊落,只有心中坦蕩做事才沒有擔憂。雖然生活中不正直的人也能生存,但那些人只是靠暫時的僥倖避免災禍,遲早要栽跟頭的。

孔子認為,做人除了要正直外,還要仁德,因為仁德是做人的根本,是處於第一位的。並且只要在仁德的基礎上做學問、學禮樂才有意義。而且只有仁德的人才能無私地對待別人,才能得到人們的稱頌。他說:

人而不仁,如禮何?人而不仁,如樂何?唯仁者能好人,能惡人。

那麼怎樣做才能算仁呢?孔子認為,能夠自己作主去實踐禮的規範就是人生的正途。一旦做到言行符合周禮,即「克己復禮」,天下的人就會讚許你為仁人了。

有一天,孔子和弟子們一起討論學問。弟子顏淵向孔子請教:「老師,什麼是仁?如何做到仁?」

孔子回答:「克制自己,恢復周禮,就是仁;以周禮為標準,時時處處嚴格要求自己,使自己的言行符合周禮,就是做到仁了!」

弟子子路便又接著問:「老師,什麼是仁德?怎樣做才算是仁德?」

孔子說:「對人恭謹就不會招致侮辱,待人寬厚就會得到大家擁護,交往信實別人就會信任,做事勤敏就會取得成功,給人慈惠就能夠很好使喚民眾。能實行這五種美德者,就可算是仁德了。」

子路說:「老師,假如我當將軍帶兵打仗,讓子貢、顏回做我的校尉,攻城必克,奪地必取,百戰百勝。這樣算是有仁德之人嗎?」

孔子說:「這樣只能算是勇敢的武夫而已!」

孔子認為,「仁」是後天「修身」、「克己」的結果,並不是天生就有的。而想要完全達到仁是極不容易的,需要廣泛地學習文化典籍,用禮約束自己的行為,這樣就可以不背離正道了。

孔子認為,還要重視向仁德的人學習,用仁德的人來幫助自己培養仁德。而仁德的人應該是自己站得住,也使別人站得住,自己希望達到也幫助別人達到,凡事能推己及人的人。

為了能做到仁,弟子曾子每天都要再三反省自己:幫助別人辦事是否盡心竭力了呢?與朋友交往是否守信用了?老師傳授的學業是否溫習了呢?

除了正直和仁德,孔子又強調做人還要重視全面發展,就是志向在於道,根據在於德,憑藉在於仁,活動在於「六

藝」，只有這樣才能真正地做人。

針對當時的諸侯割據和禮崩樂壞，孔子自20多歲起，就開始思考治國良策，也一直希望透過入仕把自己的所有才華用來治理國家，然而卻苦於沒有機會。於是，孔子便把教育當作「安邦治國」的重要組成部分，強調以文教來感化百姓。

西元前517年，齊景公出訪魯國時，因仰慕孔子的大名，便派人把孔子請到府上，向孔子請教安邦治國的良策。齊景公問孔子：「請問夫子，做為國君，應該如何治理他的國家呢？」

孔子回答說：「治國的根本在於『人倫綱常』。君主必須像個君主，臣子必須像個臣子，父親要像個父親，兒子要像個兒子。每個人都要各在其位，各司其職。否則國將不國，政將不政，社會將混亂不堪。而治國的前提在於君主要嚴於律己。如果君主自己正，管理國政就不會有什麼困難，如果自己不端正，隨心所欲，為所欲為，就不可能去端正別人，其國家也無法治理。除此之外，君主還應該重視才智禮儀仁德的關係，這些都是治國不可偏廢的條件。」

齊景公又問：「穩定天下的大計是什麼呢？」

孔子答：「實行清明的政治，用賢懲惡，減輕賦稅，助民興業。」

齊景公問：「教育百姓的良策是什麼呢？」

孔子答：「用道德感化教育，用禮教加以約束，能使百姓不但有羞恥之心，而且能改過向善。」

齊景公又問：「怎樣才能富國強兵呢？」

孔子答：「從嚴治吏、發展生產、節儉，三者結合是強國的關鍵；從嚴治軍、注重德教、加強訓練，為強兵之本。」

齊景公讚揚道：「夫子所談治國之道言近旨遠，切實可行啊！」

自從這次交談之後，齊景公多次召見孔子論政述志。有一次交談之餘，景公高興地對孔子說：「我想把尼谿封給你。」

孔子推辭說：「我對齊國沒做出什麼貢獻，無功不應受祿啊！」

齊景公說：「你多次為寡人提供良策，這本身對齊國就是一個不小的貢獻嘛！」

後來，孔子就到了齊國，原本希望從齊景公這裡得到一個從政機會，以便實踐自己的「君君、臣臣、父父、子子」的治國理想。可是，他在齊國住了一年多時間，不僅從政的希望沒有實現，就連齊景公當面答應的給予尼谿之地的封賞也落空了。

孔子百思不得其解。後來，孔子得知齊國大夫妒忌自己的才能，不但要脅齊景公收回對自己已許下的賞賜，而且還欲加害自己。於是，孔子又重新回到魯國，繼續聚徒講學。

在這期間，孔子一面教導弟子，一面上下求索。他在理論上的最大成就，就是用「仁」對「禮」進行改造，提出並完善了他的「仁學」理論。

孔子認為「仁」就是「愛人」，就是對人要尊重、關心和體諒，「仁」既是每個人必備的修養，又是治國平天下必須遵循的原則。為了實踐「仁」，孔子十分重視「禮」，主張克制自己，使自己言論行為都符合禮的要求。

對於夏、商、周三代的禮制，孔子最讚賞的是周禮，認為它綜合了夏商之禮的優點。在他看來，周禮不僅繼承了夏、商之禮的許多形式和「親親」、「尊尊」的核心內容，而且大大增加了夏商之禮所缺乏的道德理性精神，把「有德」、「無德」作為遵禮與否的主要標準。

在此基礎上，孔子進一步闡發和弘揚禮的道德性，他用「仁」對禮進行改造和充實，從而把禮提升到了一個新的高度。

在當時，正是奴隸社會向封建社會過渡的時期，伴隨著奴隸的解放和社會各種關係的調整，人的價值和尊嚴越來越

受到一些先進思想家的重視。

孔子提出的「仁」實際上就是賦予仁以普遍人人之愛的形式，換句話說就是對所有人，包括處於社會最底層的奴隸，都要尊重、關心和體諒。這樣一來，「仁」又成為了處理人際關係的準則，即所有人都從「愛人」的原則出發，要幫助別人發達起來，不要把自己厭惡的東西推給別人。

當時正是百家爭鳴時期，孔子的言論是百家爭鳴中最有影響的。以孔子為代表以及他的弟子們崇尚「禮樂」和「仁義」、提倡「忠恕」和「中庸」之道、主張「德治」和「仁政」、重視倫常關係，成為了當時一個最重要的學術流派。

因為孔子曾經從事過喪祝，他的學問也是從喪祝發展而來的，而從事喪祝的人需要身著特製的禮服，頭戴特製的禮帽，當時稱之為「襦服」。「襦」與「儒」字同音，人們便逐漸直接稱「喪祝」為「儒」了。於是，人們就把孔子創立的學派也就稱為「儒家」學派了。

西元前501年，51歲的孔子接受了魯國大夫季氏的聘任，擔任了地方官中都宰。一年後，他升任司空，之後又升任大司寇。

在孔子的治理下，魯國國力日益強盛起來，引起了鄰國齊國的警惕。於是，齊大夫黎鋤設計，向魯定公贈送大量女

樂寶馬。從此，魯定公成天只顧沉溺於女樂而不問朝政。

孔子勸諫多次卻無功而返。孔子見與魯定公、季桓子等人在道德與政見上的分歧難以彌合，知道自己留在魯國也難以在政治上有所作為，便離開魯國，希望到別的諸侯國實踐自己的治國理想。

離開魯國以後，孔子率眾弟子周遊列國，輾轉於衛、曹、宋、鄭、陳、蔡、葉、楚等地，去遊說那些諸侯王，然而他均未獲得重用。

顛沛流離14年後，年近70歲的孔子被魯國權貴季康子派人迎回魯國尊為「國老」。但此時的孔子對仕途已經淡漠了，他便將精力主要用在培養弟子和整理古代文化典籍上了。

孔子從事教育達40多年之久，門生眾多。據史料記載，孔子弟子有3,000人，其中才華出眾、品德優良者有72人。孔子的學生多數來自魯國、衛國、齊國、秦國、陳國、宋國、晉國、楚國、吳國、蔡國、燕國等，遍布當時的許多個諸侯國。

這些弟子都非常尊敬孔子，他們把孔子的思想進行廣泛傳播，在當時產生了很大的影響。後來，孔子主要弟子及其再傳弟子把孔子的言行記錄並整理成了一部書，名叫《論

語》,意義是語言的論纂。內容包括孔子談話、孔子答弟子問、弟子之間的相互討論以及弟子對孔子的回憶等。

《論語》集中展現了孔子的政治主張、論理思想、道德觀念及教育原則等。全書共20篇,每篇由若干段文字組成,多數段落是以「子曰」開頭的孔子語錄,少數段落略有記事和對話。

《論語》每篇的題目都是從該篇首段的第一句話中取兩字或三字而成,因此這些題目跟篇章內容沒有什麼連繫。各篇的排列順序也沒有什麼講究,每篇內部並沒有統一的主題,前後兩章之間很少有內容上或邏輯上的連繫。

《論語》成書於戰國初期,但到西漢時期僅有口頭傳授及從孔子住宅夾壁中所得的本子。其中魯國人口頭傳授的《魯論語》有20篇,齊人口頭傳授的《齊論語》有22篇,從孔子住宅夾壁中發現的《古論語》有21篇。

西漢末年,帝師張禹精心研究了《論語》,並根據《魯論語》和參照《齊論語》,另成一論,稱為《張侯論》。此本成為當時的權威讀本。據史書《漢書·張禹傳》記載:

諸儒為之語曰:「欲為《論》,念張文。」由是學者多從張氏,餘家寖微。

《齊論語》、《古論語》不久亡佚。後遺存下來的《論語》有20篇,492章,其中記錄孔子與弟子及時人談論之語約

444章，記錄孔門弟子相互談論之語有48章。

孔子是《論語》描述的中心，書中不僅有關於他的儀態舉止的靜態描寫，而且有關於他的個性氣質的傳神刻畫。此外，圍繞孔子這一中心，《論語》還成功地刻劃了一些孔門弟子的形象。如子路的率直魯莽，顏回的溫雅賢良，子貢的聰穎善辯，曾皙的瀟灑脫俗等，都稱得上個性鮮明，能夠給人留下深刻印象。

在《論語》中，表現了孔子因材施教的特點，他對於不同的學生對象，考慮其不同的素養、優點和缺點以及具體情況，給予不同的教誨，表現了他誨人不倦的可貴精神。

《論語》和儒家倫理學著作《孝經》是漢朝初學者的必讀書，一定要先讀這兩部書，才進而學習「五經」，「五經」就是後來的《詩經》、《尚書》、《易經》、《儀禮》和《春秋》。《論語》自漢代以來，便有不少人注解它，可謂稱得上是汗牛充棟，舉不勝舉。

漢朝人所注釋的《論語》，後來基本上全部亡佚，後來所殘存的，以東漢末年經學大師鄭玄注為較多。其他所注各家，在三國時期玄學家何晏《論語集解》以後，就多半只存於《論語集解》中。後來中國古代文籍《十三經注疏·論語注疏》就是用何晏的《集解》和宋人邢昺的《疏》。至於何晏、邢昺

前後還有不少專注《論語》的書，可見《論語》影響的深遠。

《論語》是研究孔子思想的主要資料。作為中國古代儒家經典著作之一，《論語》在東漢時就被列為「七經」之一。在南宋時，著名思想家朱熹將《論語》和《孟子》以及《禮記》中的《大學》、《中庸》合編為「四書」，與「五經」並列，後來成為讀書人科舉考試的必讀書目。

一部《論語》，便將孔子及其門生的有限生命融入到了無盡的歷史之中，創造了中國古代光輝的人文主義精神，被後人譽為「天不生仲尼，如萬古長夜」。後人還稱讚道：「半部《論語》治天下」。可見，《論語》對中國文化的巨大影響力。

【旁注】

禪讓：指古代帝王讓位給不同姓的人，這是一種「擬父子相繼、兄終弟及」的王位繼承制度，是對正統王位繼承制的模擬。就是經過各方部落首領以協商的方式推舉部落最高首領，這反映了中國「五帝」時期複雜的部族政治現狀，是上古政治舞臺上部族政治激烈角力的結果。

伯益：又寫作伯翳、柏翳等。傳說，他能領悟飛禽語言，被尊稱為「百蟲將軍」。在他的帶領下，中國早期先民學會了建築房屋，鑿挖水井。他善於畜牧和狩獵，並且發明了

中國最早的屋舍,他因此被中國民間尊稱為「土地爺」。

夏桀:又叫癸、履癸,商湯把他諡號桀。是夏王朝最後一代君主。他文武雙全,赤手可以把鐵鉤拉直,但暴虐無道。商湯在名相伊尹謀劃下,起兵伐桀,先攻滅了桀的黨羽,然後直逼夏的重鎮鳴條。桀國亡後被放逐。他是中國歷史上著名的暴君。

周武王（約西元前1087年～西元前1043年）:名姬發,周文王次子。西周王朝開國君主,諡號「武」,史稱周武王。他繼承父親遺志,於西元前11世紀消滅商朝,奪取全國政權,建立了西周王朝,表現出卓越的軍事、政治才能,成為了中國歷史上的一代明君。

泰山:「五嶽」之首,古名岱山,又稱岱宗,在中國古代各朝代文獻記載,此山經常是皇帝設壇祭祀祈求國泰民安和舉行封禪大典之地,被人們尊為「中華第一山」。後來,人們用「有眼不識泰山」比喻自己的見識太少,有名望的人在自己眼前也認不出來。

周公:為中國周代的爵位,得爵者輔佐周王治理天下。歷史上的第一代周公姓姬名旦,也稱叔旦,是周文王姬昌第四子。因封地在周,故稱周公或周公旦。他為周朝制定了禮樂等級典章制度,為西周初期傑出的政治家、軍事家和思想家,後來被尊為儒學奠基人。

禮樂制度：起源於西周時期，相傳為周公所創建。它和封建制度、宗法制度一起，構成整個中國古代的社會制度，對後世的政治、文化、藝術和思想影響巨大。

百家爭鳴：指春秋戰國時期知識分子中不同學派如儒家、道家、墨家的湧現及各流派爭芳鬥豔的局面。是中國歷史上第一次思想解放運動，是中國學術文化思想發展史上的重要階段，奠定了中國思想文化發展的基礎。各家互相辯駁，又互相影響，有力地促進了思想文化的發展。

顏徵在：是孔子的親生母親，在顏家排行第三，她18歲時嫁給66歲的叔梁紇為妾。孔子的教育重任就完全落在了母親顏徵在身上，這就逐漸顯現出孔母的家教之優。孔子17歲時，顏徵在去世。

郊祭：是周代最為隆重的祭典，它原屬於自然崇拜的一種，但到了夏朝時，「天」已由自然屬性的天，轉而為自然屬性與社會屬性合一的「天」了。郊天之祭既反映了人們對上天的敬畏，又反映了人們對自己來自何處的根源性追溯。

諸侯：是古代中央政權所分封的各國國君的統稱。周代分公、侯、伯、子、男五等，漢朝分王、侯二等。周制，諸侯名義上需服從王室的政令，向王室朝貢、述職、服役，以及出兵勤王等。漢時諸侯國由皇帝派相或長吏治理，王、侯

僅食賦稅。

　　禮儀：是中國人和人交往的禮儀規矩，它是指不妨礙他人的美德，是一種恭敬人的善行，也是自己行萬事的通行證，是要通達踐履的。禮儀是中國古代的一種優秀傳統，也是中國被稱為禮儀之邦的重要依據。

　　禮崩樂壞：是對東周時期典章制度逐漸被廢棄的一種形象描述。在春秋中後期，由於生產力的發展導致在經濟基礎、上層建築領域出現了與周禮要求不相融的局面，這些都反映了周代封建社會正走向解體。

　　顏淵（西元前521～西元前481年）：曹姓，顏氏，字子淵，名回。他14歲便拜孔子為師，此後終生陪伴孔子。在孔門諸弟子中，孔子對他稱讚最多，不僅讚其「好學」，而且還以「仁人」相許。歷代文人學士對他也無不推尊有加，無不尊奉他為顏子。

　　子貢（西元前520年～西元前456年）：端木賜，複姓端木，字子貢，春秋時期著名政治家、儒商之祖，後來他做了魯國和衛國的丞相。是孔子72個徒弟之一，也是其中比較有名的徒弟之一，他利口巧辭，善於雄辯，且有濟世之才，辦事通達，還善於經商之道，是孔子弟子中首富。

　　六藝：指中國古代儒家要求學生掌握的6種基本才能：禮、

樂、射、御、書、數。春秋時期孔子開私學也授六藝，但此六藝即儒學六經，謂《經》、《書》、《詩》、《禮》、《樂》、《春秋》。六藝現代解釋，包括「禮、樂、射、御、書、數」等8種技藝。

賦稅：指田賦及各種捐稅的總稱，依照法律或習俗徵收的款項，尤其是指應付給政府的費用。在中國古代，賦稅是百姓要上繳給國家的稅收，支撐著整個國家的運作與發展。賦稅文化是中國傳統文化的重要組成部分。

齊景公（約西元前561～西元前490年）：是春秋後期的齊國君主。他年幼登基，在位58年，是齊國歷史上統治時間最長的國君之一。他的文治武功使齊國得以強盛一時，成為後來齊國強大的基石。

大夫：中國古代官名，西周以後的先秦諸侯國中，在國君之下有卿、大夫、士三級。大夫世襲，有封地。後世遂以大夫為一般任官職之稱。秦漢以後，中央要職有御史大夫，備顧問者有諫大夫、中大夫、光祿大夫等。

大司寇：先秦的一種官職，西周時期的司寇，是周天子的最高法律裁判者。中央設大司寇，負責實踐法律法令，輔佐周王行使司法權，大司寇下設小司寇，輔佐大司寇審理具體案件。大、小司寇下設專門的司法屬吏。此外，基層設有士師、鄉士、遂士等負責處理具體司法事宜。

張禹：字子文，漢代經學家，他從小學習《易經》，又深刻研究《論語》，被推為郡文學，後來又做了博士。初元年間，他教授太子《論語》，升任光祿大夫。河平四年，代替王商任丞相，封為安昌侯。建平二年去世，諡號節侯。

孔子（西元前 551 年～西元前 479 年）：名丘，字仲尼，春秋時期魯國陬邑人，先祖為宋國貴族。中國古代的大思想家和大教育家、政治家，儒家思想的創始人。孔子被後世統治者尊為孔聖人、至聖、至聖先師、萬世師表，孔子的儒家思想對中國、儒家文化圈及世界有深遠的影響。

何晏：字平叔，三國時期魏國玄學家，大臣。他主張儒道合同，用老子思想解釋儒家學說。「無」是他對《老子》和《論語》中「道」的理解。他認為天地萬物都是「有所有」，而「道」則是「無所有」，是「不可體」的，所以無語、無名、無形、無聲是「道之全」。

朱熹（西元 1130 年～西元 1200 年）：南宋著名的理學家、思想家、哲學家、教育家、詩人、閩學派的代表人物，世稱朱子，是孔子、孟子以後最傑出的弘揚儒學的大師。他承北宋周敦頤與「二程」學說，創立了宋代研究哲理的學風，稱為理學。他的著作甚多，選定《大學》、《中庸》、《論語》、《孟子》作為教本。

【閱讀連結】

有一天，弟子子路曾經問孔子：「聽說一個主張很好，是不是應該馬上實行？」孔子說：「還有比你更有經驗、有閱歷的父兄呢，你應該先向他們請教請教再說，哪裡能馬上就做呢？」過了幾天，孔子另一弟子冉有也問孔子同樣問題：「聽說一個主張很好，是不是應該馬上就去做呢？」孔子卻答道：「當然應該馬上去做。」

弟子公西華看見兩人問了同樣問題，而孔子給他們的答覆卻截然不同，實在想不通，便去問孔子，孔子說：「冉有遇事畏縮，猶豫不決，所以要鼓勵他勇敢；子路遇事輕率，不深思熟慮，所以要叮囑他慎重。」

提倡施行仁政的《孟子》

春秋中後期,隨著生產力的發展,水利的興修,鐵器的使用和牛耕的推廣,各諸侯國的經濟得到不同程度的發展,政治形勢也產生了相應的變化。

這一時期,一些國力強大的諸侯國為了擴大自己的疆域,不斷發生兼併戰爭,使得原本分散在各諸侯手中的土地、人口和財富,逐漸集中在了少數幾個諸侯手裡。天下也逐漸從成百上千個小國家整合為十多個大諸侯國。

西元前408年,強大的齊國攻破了魯桓公後代孟孫氏的食邑郕城,孟孫氏子孫便分散流落到其他諸侯國,其中有一支遷居到鄒國。

遷居到鄒國的孟孫氏後人中有個名為孟激的人,他妻子仉氏為他生了個兒子,取名軻,字子輿。小孟軻剛3歲時,他父親孟激就去世了,小孟軻的母親靠給別人織布艱辛地撫養著小孟軻。

小孟軻家附近有一個墓地,有一次,有個人去世了,發喪的隊伍經過他家去附近的墓地。小孟軻見發喪的隊伍哭得

死去活來,他覺得很有意思,便和幾個小夥伴模仿發喪,玩起遊戲來。

孟母看到後,她認為居住在這樣的環境裡對小孟軻成長不利,便決定搬到沒有墓地的城裡去住。

搬到城裡不久,一天,小孟軻見家對面賣鮮肉的小販提著鮮肉叫賣非常有意思,他便和小夥伴們手拿著蘿蔔模仿賣鮮肉小販的叫賣。

孟母看後決定再次搬家,不再跟賣鮮肉的小販為鄰了。想到小孟軻喜歡模仿,這次孟母決定把家搬到學校附近居住。搬到學校附近後,小孟軻5歲了,孟母就把小孟軻送到私塾讀書。

剛開始的時候,小孟軻讀書非常認真,但漸漸地,小孟軻對讀書生活產生了厭倦的情緒。有一次上課時,小孟軻乘老師不注意悄悄地從學校溜回家,正遇到孟母在織布機上織布。

孟母從大清早起來就開始織,這個時候已經織成好大一塊布了。她見小孟軻回來,就問:「你怎麼不好好在學校跟老師讀書,回家做什麼?」

小孟軻說:「媽媽,我不想再讀書了,讀書沒一點意思。」

提倡施行仁政的《孟子》

孟母聽了非常生氣,她從織布機邊站起來,拿了一把剪刀,將已經織好的布匹一刀斬斷。頓時,已經快織好的布散落了一地,變成了廢料。

小孟軻看到後十分心疼,他不解地問孟母:「媽媽,這布已經快織好了,妳為什麼要把它斬斷?」

孟母說:「我這麼做,就是要你明白,學習知識如同織布,靠的是日積月累,需要堅持不懈的努力才能成功。如果你現在不讀了,豈不是跟這織了一半的布一樣?半途而廢太可惜!」

小孟軻深受震撼,從此以後,他便專心致志地發憤讀書,再也不貪玩了。

孟軻15歲的時候,拜儒家思想創始人孔子的孫子子思為師,經過青少年時期的飽學和鑽研之後,孟軻開始在家鄉聚徒講學,逐漸成為了當時最有影響的儒學大師,被人們尊稱為孟子。

那時候,天下諸侯混戰的情形,已經到了非常嚴重的地步,諸侯國為了爭當「霸主」,對內力圖改革,以富國強兵,對外則進行兼併戰爭以擴大疆土,致使人民流離失所。孟子稱這種「以力服人」的強權政策為「霸道」。

當時,士人追求的是「學而優則仕」,士人的學習目的,

是憑自己的知識和才能參與政治活動，實現自己的政治抱負，因此，孟子在 40 歲時其學術思想形成之後，他便開始周遊列國，以遊說諸侯，推行他的「王道」學說和「仁政」主張。

在當時，百家爭鳴，遊說之風十分盛行。一般遊說之士，不但要有高深的學問和豐富的知識，更需要懂得以有深刻生動的比喻，來達到諷勸執政者的目的。

孟子是當時有名的辯士，一次，他到魏國去見好戰的梁惠王。梁惠王說：「先生，你不遠千里而來，一定是有對我的國家有利的高見吧？」

孟子回答說：「大王，何必說利呢？只要說仁義就行了。您如果要求『怎樣使我的國家有利』，那麼大夫也會要求『怎樣使我的家庭有利』，下面的一般人士和老百姓也都要求『怎樣使我自己有利』，這必然會使全國上下互相爭奪利益，這樣國家豈不就危險了嗎？在一個擁有一萬輛兵車的國家裡，殺害國君的人，一定是擁有一千輛兵車的大夫；在一個擁有一千輛兵車的國家裡，殺害國君的人，一定是擁有一百輛兵車的大夫。這些大夫在一萬輛兵車的國家中就擁有一千輛兵車，在一千輛兵車的國家中就擁有一百輛兵車，他們的擁有不算不多。可是，如果把『義』放在『利』的後面，這些大夫不奪得國君的地位是永遠不會滿足的。反過來說，從來沒有

提倡施行仁政的《孟子》

講『仁』的人會拋棄自己的父母，也從來沒有講『義』的人會奪國君的地位。所以，大王只說『仁義』就行了，何必說『利』呢？」

梁惠王聽後十分慚愧。隔日，梁惠王站在池塘邊上，抬頭看到天上飛的大雁和原野上奔跑的麋鹿問孟子：「賢能的君主也喜歡這個吧？」

孟子回答：「賢能的君主並不會把這種娛樂當成首要的追求，不賢明的君主即使喜歡這些也沒有辦法欣賞。」

孟子又引用了中國先秦詩歌總集的《詩經》裡面〈大雅·靈臺〉的詩句勸誡梁惠王：「周文王用民眾的力量修建靈臺、挖掘靈沼，但老百姓覺得很幸福，把他的臺叫做靈臺，把他的池塘叫做靈沼。他們高興這裡有麋鹿和魚鱉。古代聖君與民同樂，所以才能真正地欣賞享受園、池，就好像〈湯誓〉中寫到的一樣。」

梁惠王又問：「我治理梁國費盡了心力，河內遭了天災，我便把河內的百姓遷移到河東居住，同時把河東的糧食運到河內救濟那裡的災民。河東遭了饑荒，我也這樣做。我曾考察過鄰國，發現他們並沒有做到像我這樣愛護百姓。可是，鄰國的百姓並沒有因此而減少，我的百姓也沒有因此增多，這是什麼緣故呢？」

孟子回答說:「您喜歡戰爭,讓我拿打仗做個比喻吧!雙方軍隊在戰場上相遇,免不了要進行一場廝殺。廝殺結果,打敗的一方免不了會丟盔卸甲,飛奔逃命。假如一個兵士跑得慢,只逃跑了50步,卻去嘲笑逃跑了100步的兵士是貪生怕死,這對不對?」

梁惠王說:「不對!逃跑50步跟逃跑100步本質上沒有區別。」

孟子說:「您既然懂得這個道理,那就不要希望百姓比鄰國多了。如果兵役徭役不妨害農業生產的季節,糧食便會吃不完;如果細密的漁網不到深的池沼裡去捕魚,魚鱉就會吃不光;如果按季節拿著斧頭入山砍伐樹木,木材就會用不盡。糧食和魚鱉吃不完,木材用不盡,那麼百姓便對生養死葬沒有什麼遺憾。百姓對生養死葬都沒有遺憾,就是王道的開端了。」

接著,孟子給梁惠王描述了這樣一個理想的社會:「分給百姓5畝大的宅園,種植桑樹,那麼,50歲以上的人都可以穿絲綢了。雞狗和豬等家畜,百姓能夠適時飼養,那麼,70歲以上的老人都可以吃肉了。每家人有百畝的耕地,官府不去妨礙他們的生產季節,那麼,幾口人的家庭可以不挨餓了。認真地辦好學校,反覆地用孝順父母、尊敬兄長的大道理教導老百姓,那麼,鬢髮花白的老人也就不會自己背負或

提倡施行仁政的《孟子》

頂著重物在路上行走了。70 歲以上的人有絲綢穿，有肉吃，普通百姓餓不著、凍不著，這樣還不能實行王道，是從來不曾有過的事。現在的梁國呢，富貴人家的豬狗吃掉了百姓的糧食，卻不約束制止；道路上有餓死的人，卻不打開糧倉賑救。老百姓死了，竟然說：『這不是我的罪過，而是由於年成不好。』這種說法和拿著刀子殺死了人，卻說『這不是我殺的而是兵器殺的』，又有什麼不同呢？大王如果不歸罪到年成，那麼天下的老百姓就會投奔到梁國來了。」

梁惠王說：「我願意聽您指教！」

孟子說：「用木棍打死人和用刀子殺死人，有什麼不同嗎？」

梁惠王回答說：「沒有什麼不同的。」

孟子又問：「用刀子殺死人和用政治害死人有什麼不同？」

梁惠王說：「也沒有什麼不同。」

孟子接著說：「現在大王的廚房裡有的是肥肉，馬廄裡有的是壯馬，可老百姓面有飢色，野外躺著餓死的人。這是當權者在帶領著野獸來吃人啊！大王想想，野獸相食，尚且使人厭惡，那麼當權者帶著野獸來吃人，怎麼能當好老百姓的父母官呢？」

梁惠王說：「當年，天下沒有比我們魏國更強的國家了，而現在到了我當政，東邊被齊國打敗，連我的大兒子也陣亡了；西邊又喪失了河西之地 700 里，割讓給秦國；南邊又被楚國侵占了 8 個城邑。我為此感到非常恥辱，希望能早日雪恥復仇，您說我該怎麼做？」

孟子回答說：「在任何方圓百里的小國家，都可以在自己的國土推行王道，大王如果肯對百姓施行仁政，減免刑罰，少收賦稅，提倡精耕細作，及時鋤草，使健壯的青年利用閒暇時間加強孝親、敬兄、忠誠、守信的道德修養，做到在家能侍奉父兄，外出能尊長敬上，這樣，即使是手裡拿著木製的棍棒，也可以跟擁有堅實盔甲和鋒利武器的秦、楚軍隊相對抗。原因是秦國和楚國侵占了百姓的農時，使百姓無法耕種田地來贍養父母。他們使老百姓的父母受凍挨餓，兄弟妻子各自逃散，您如果興師前往討伐這樣的國家，有誰能跟您較量呢？『實行仁政者無敵於天下。』請大王不要再猶豫徘徊！」

孟子對各諸侯國之間發動的攻伐戰爭導致人民流離失所深惡痛絕，所以，他懷著救民於水火的美好願望，一再勸梁惠王要以「仁者」得「天下」，而不是靠發動戰爭爭霸天下。

然而，當時梁惠王致力於富國強兵，希望透過暴力的手段實現統一。孟子的仁政學說被並沒有得到實行的機會。

提倡施行仁政的《孟子》

齊宣王也曾經向孟子問道:「齊桓公、晉文公在春秋時代稱霸的事情,您可以講給我聽聽嗎?」

孟子回答說:「孔子的學生沒有談論過齊桓公、晉文公稱霸之事,所以沒有傳到後代來,我也沒有聽說過。您如果一定要我說,那我就說說用道德來統一天下的王道吧?」

齊宣王問:「怎麼做才可以用道德統一天下呢?」

孟子說:「所做的一切都是為了讓老百姓安居樂業。這樣去統一天下,就沒有誰能夠阻擋了。」

齊宣王說:「像我這樣的人能夠讓老百姓安居樂業嗎?」

孟子說:「能夠。」

齊宣王說:「你憑什麼知道我能夠呢?」

孟子說:「曾經有人告訴過我一件事,說您有一天坐在大殿上,有人牽著牛從殿下走過。您看到了,便問:『把牛牽到哪裡去?』牽牛的人回答,『準備殺了取血祭鐘』。您說,『放了牠吧!我不忍心看到牠害怕得發抖的樣子,就像毫無罪過卻被判處死刑一樣。』牽牛的人問,『那就不祭鐘了嗎?』您說,『怎麼可以不祭鐘呢?用羊來代替牛吧!』不知道有沒有這件事?」

齊宣王說:「是有這件事。」

孟子說:「憑您有這樣的仁心就可以統一大江南北了。老

百姓聽說這件事後都認為您是吝嗇，我卻知道您不是吝嗇，而是因為不忍心。」

齊宣王說：「是的，確實有老百姓這樣認為。不過，我們齊國雖然不大，但我怎麼會吝嗇到捨不得一頭牛的程度呢？我其實是不忍心看到牛害怕得發抖的樣子，所以用羊來代替牠。」

孟子說：「您也不要責怪老百姓認為您吝嗇。他們只看到您用小的羊去代替大的牛，哪裡知道其中的深意呢？何況，您如果可憐牛毫無罪過卻被宰殺，那麼羊不也是毫無罪過而被宰殺的嗎？牛和羊有什麼區別呢？」

齊宣王說：「是啊，老百姓這樣認為，的確有他們的道理。但我真的是不忍心看到牛害怕得發抖的樣子，所以用羊來代替牠。」

孟子說：「您這種不忍心正是仁慈的表現，你之所以要用羊來代替，是因為您當時沒有親眼見到羊被宰殺的樣子。君子對於飛禽走獸，見到牠們活著，便不忍心見到牠們死去；聽到牠們哀叫，便不忍心吃牠們的肉。所以，君子總是遠離廚房。」

之後，孟子又遊說於齊、宋、滕、魯等國，但其「仁政」理想均未能實現。隨後，孟子便退居講學，和他的學生一

提倡施行仁政的《孟子》

起,「序《詩》、《書》,述仲尼之意,作《孟子》七篇」。

《孟子》一書是孟子的言論彙編,由孟子及其弟子共同編寫而成,記述了孟子一生的主要言論、政治活動和思想學說,屬語錄體散文集。全書共有7篇:《梁惠王》上、下;《公孫醜》上、下;《滕文公》上、下;《離婁》;《萬章》上、下;《告子》上、下;《盡心》上、下。

《孟子》一書集中地展現了孟子的政治思想、哲學思想和教育思想。孟子的政治思想與孔子一脈相承,並把孔子「仁」的政治思想發展為「仁政」學說。這一學說主張統治者要施仁政於民,以德服人,實行王道,反對以力服人,實行霸道;對臣民應減輕刑罰與賦稅,發展農業生產;對百姓應施行道德教化,從而使國家長治久安。

另外,《孟子》還具有較強的民本主義思想:

民為貴,社稷次之,君為輕。

「民為貴」並不是說百姓的地位要比國君的地位高,而是說國君在治國時,如果不照顧到老百姓的利益,就很難維持自己的統治。

《孟子》還指出,國家存在的根本不在於「天時、地利」,而在於「人和」,「得道者多助,失道者寡助」,勸誡統治者要與民同憂同樂。

《孟子》中的「仁政」學說，其哲學基礎是「性善說」。孟子認為人性善，把仁、義、禮、智看成是人的本性，是先天固有的，所以人就應該努力地去培養和擴展這些善的本性。

除此之外，《孟子》還非常重視教育對人的影響作用；強調人的自我教育，主張修身養性，「養吾浩然之氣」，以完善自我；書中還教育人們為實現遠大奮鬥目標，要有「苦其心志」、「勞其筋骨」、「餓其體膚」的吃苦精神。並提出「富貴不能淫，貧賤不能移，威武不能屈」的道德標準。

在孟子所處的時代，政治鬥爭激烈，各派學說蜂起。為了宣傳自己的主張，孟子不得不與其他各類思想與學派進行交鋒，這就使《孟子》中的許多文章充滿了論辯性。

在論辯中，孟子往往巧妙地運用了邏輯推理的方法，採用欲擒故縱，反覆詰難，迂迴曲折的方式，把對方引入自己預設的結論中。

另外，孟子還「長於譬喻」，把抽象的道理用具體生動的形象表現出來，這使得《孟子》一書的文章富於形象性，具有強大的藝術感染力。君子氣勢浩然是《孟子》一書的另一個重要的藝術特徵。這種風格，源於孟子人格的修養。

孟子成為僅次於孔子的一代儒家宗師，東漢著名的經學家趙岐稱孟子為「命世亞聖之大才」。南宋著名的思想家朱熹

提倡施行仁政的《孟子》

將《孟子》與《論語》、《大學》、《中庸》合在一起稱「四書」。

後來元代至順初年，元文宗皇帝加贈孟子為「鄒國亞聖公」，尊封為「亞聖」，從此，孟子便與孔子合稱為「孔孟」。直到清末，《孟子》一直都是科舉必考的內容。

【旁注】

魯桓公（？～西元前694年）：姬姓，魯氏，名允，一名軌，為魯惠公之子，魯隱公之弟。魯國第15代國君。由於他是惠公正室夫人仲子所生，所以被立為太子。於西元前711年即位，西元前694年去世於齊國，在位18年。

孟母：孟子的母親仉氏。戰國時人，以教子有方著稱。孟子3歲喪父，靠母親教養長大成人，並成為後世儒家追慕嚮往的「亞聖」，孟母也留下了「孟母三遷」、「斷機教子」等教子佳話。

私塾：是中國古代社會一種開設於家庭、宗族或鄉村內部的民間幼稚園教育機構。它是舊時私人所辦的學校，以儒家思想為中心，它是私學的重要組成部分。它在中國2,000多年的歷史進程中，對於促進教育事業的發展，發揮重要的作用。

儒學：也稱為儒教，是中國古代最有影響的學派。作為

中國古代固有價值系統的一種表現的儒家，並非通常意義上的學術或學派，它是中華法系的法理基礎，對中國以及東方文明發生過重大影響並持續發展的意識形態。

梁惠王：姬姓，名罃。西元前369年即位，在位50年。魏惠王魏罃，魏武侯之子。即位時魏國是鼎盛時期，但在以後的戰爭中，大敗於齊國，開始衰弱，他去世於西元前319年，尊號魏文侯。

仁：中國古代一種含義極廣的道德範疇，本是指人與人之間相互親愛。春秋時期的孔子第一個把整體的道德規範集於一體，形成了以「仁」為核心的倫理思想結構，它包括孝、悌、忠、恕、禮、知、勇、恭、寬、信、敏、惠等內容。其中孝悌是仁的基礎，是仁學思想體系的基本支柱之一。

《詩經》：原本叫《詩》，是中國漢族文學史上最早的詩歌總集，收入自西周初年至春秋中期大約500多年的詩歌，共305篇。另有6篇有題目無內容，稱為笙詩，取其整數稱「詩三百」。從漢代起儒家將其奉為經典，因此稱為《詩經》。

周文王（西元前1152年～西元前1056年）：姬姓，名昌，季歷之子，侯爵，華夏族，西周奠基者。其父季歷去世後，繼承西伯之位，故又稱西伯昌，共在位50年。他建國於岐山之下。在位期間，為周武王滅商奠基，傳《周易》為其所演。

提倡施行仁政的《孟子》

〈湯誓〉：《尚書》中的一篇。為了一舉消滅夏桀，臨戰之前，商湯發出了隆重的動員令，這就是歷史上著名的「湯誓」。史官記錄這篇誓詞，名叫〈湯誓〉。〈湯誓〉分兩段，第一段說明興師征伐的原因，第二段申明賞罰的辦法。

徭役：在中國古代，凡國家無償徵調各階層人民所從事的勞務活動，都稱為徭役。包括力役、雜役、軍役等。它是國家強加於人民身上的又一沉重負擔。起源很早，《禮記・王制》中有關於周代徵發徭役的規定。《孟子》則有「力役之徵」的記載。

孝：指的就是老人與子女的關係。所謂「百行孝為先」，這反映出了中華民族極為重視孝的觀念。同時，孝文化也是中國古代優秀傳統文化的重要組成部分。它與仁、義、禮、智、信等同是中國古代的優秀精神，也是中華民族的優秀傳統。

仁政：是一種儒家思想。是儒家思想代表孟子從孔子的「仁學」繼承發展而來。是孟子學說中的「民本」、「仁政」、「王道」和「性善論」等政治理想之一。

齊宣王（西元前350年～西元前301年）：嬀姓，田氏，名辟疆，齊威王之子，戰國時期齊國的國君。他在西元前319年到西元前301年在位，執政共21年。他招攬賢士，

得人而治，也非常注重文化事業的發展。他不惜耗費鉅資招致天下各派文人學士來齊國到做官，對齊國文化發展影響很大。

性善說：孟子的學說，是在他自己的那套心、性觀基礎上建立起來的。其心、性觀主要有以下兩點內容：第一，它是「道德層面」的心性，不是「情慾層面」的心性。第二，這個「道德層面」的心性具有仁義的內在先天規定性。

【閱讀連結】

當孟家還在廟戶營村集市旁居住時，孟子看到鄰居殺豬，不解地問母親：「鄰家殺豬幹什麼？」孟母當時正忙，便隨口應道：「煮肉給你吃！」孟子十分高興，等待食肉。

孟母深知做人要誠實，所謂「言必信，行必果」，而且她深深知道身教重於言傳。為了不失信於兒子，儘管家中十分困難，孟母還是拿錢到東邊鄰居家買了一塊豬肉，讓兒子吃了個痛快。

修身治國之學的《大學》

西周時期，社會興旺發達，人們對生產、生活法則的認知，以及在社會生活典章制度的建立等方面都累積了豐富的經驗，逐漸達到了比較齊備的程度，在這樣的基礎上。為了傳承這些經驗，從王宮到國都以及普通街巷，沒有不設立學校的。

上自王公的子孫，下至老百姓的子弟，年滿8歲的孩子，都進入小學學習。小學教學的內容是日常生活、待人接物的基本禮節，其中包括禮儀、音樂、射箭、駕車、識字、計算等基礎知識和基本技能。待孩子長到15歲時，再進入大學學習窮盡事理、端正本心、修養自身、管理人的原則和方法。

這些西周學校的設置是如此廣泛，教學方法的次序和內容是如此詳細分明，而所教的內容，都是人君親身經歷的經驗、教訓和心得，不要求學習日常生活規則和倫理之外的知識。正因為這樣，當時這些學習的人，沒有不明白自己的職分所應當做和不應當做的，這樣各人就埋頭盡力做好自己的事情。

到了東周時期,周王室衰微,漸漸失去了對諸侯的控制能力。諸侯雖然是周王室的臣屬,但在其自己的領地內卻是國君,擁有用人、財政、軍事等方面的獨立大權。於是,一些諸侯勢力強大之後,他們便不再服從周王室的命令,維護封建宗法等級制度的「周禮」遭到極大破壞,諸侯爭霸,社會處於動盪之中。

由於社會內部不可調和的矛盾引起的深重危機搖撼了傳統文化的權威性,對傳統文化的懷疑與批判精神與日俱增。上述學校的教學體制不能推行,教化隨世事而變遷,風俗也頹廢敗壞。

在這樣的時代,孔子就獨自開設私人學校,仿效先王之法,招收弟子習讀《詩》、《書》和歷史文獻,把先王之道傳授給弟子們。

孔子有 3,000 多個學生,其中有一個叫曾參的弟子,深明其中真義,他把孔子的講解寫成書,名為《大學》,作為傳講的精義,並在此基礎上加以發揮和說明,傳播於世。

《大學》著重闡述了個人道德修養與社會治亂的關係,明確肯定道德在社會生活中的作用。事實上,這正是孔子思想體系的組成部分。

孔子認為,先王之道的宗旨在於弘揚人們光明正大的品

德,使人達到最完善的境界。人們只有知道自己應該達到的境界,才能夠志向堅定地走下去;志向堅定了便能夠清靜安心、思慮周詳地去實現自己的目標。任何事物都有根本有枝末,有開始有終結,明白了這本末始終的道理,就接近事物發展的規律了。

孔子的這一思想,反映在曾參所著《大學》裡,書中寫道:

> 大學之道,在明明德,在親民,在止於至善。知止而後有定,定而後能靜,靜而後能安,安而後能慮,慮而後能得。物有本末,事有終始,知所先後,則近道矣。

君主要達到這個「道」,有8個具體步驟。對此,《大學》裡這樣寫道:

> 物格而後知至,知至而後意誠,意誠而後心正,心正而後修身,身修而後家齊,家齊而後國治,國治而後天下平。

這裡的「格物」、「知至」、「意誠」、「心正」、「身修」、「家齊」、「國治」、「天下平」,其每一項都以前一項為先決條件,而「身修」即修身是其中最根本的、具有決定意義的一步。前4項是修身的方法途徑,後3項是修身的必然效果。從《大學》開始,「齊家、修身、治國、平天下」成為儒家經典。

曾參能夠編著成流傳後世的《大學》,以至於在儒學傳播

中產生巨大的效應，和他的家學淵源有很大關係。

曾參是春秋末期魯國人，他的祖先是「五帝」之首黃帝。西周建立的時候，曾參的先祖曲烈被封於曾，西元前557年莒滅曾。曾國太子巫逃到魯國，曾參是太子巫的第五代孫。

曾參的父親曾點也孔子的學生，被列為「孔門七十二賢」之一。他對曾參的教育，從一開始就非常嚴格。

曾參小的時候，有一次，曾點叫曾參去瓜地鋤草，曾參不小心將一棵瓜苗鋤掉。曾點認為曾參用心不專，便用棍子責打曾參。由於出手太重，將曾參打昏了。

曾參甦醒後，立即退到一邊「鼓琴而歌」，以此告訴父親，作為兒子的他並沒有因為被誤打而忿忿不平。

曾參16歲時拜孔子為師，他勤奮好學，頗得孔子真傳。當孔子知道他被父親打的這件事後，頗為感慨，認為小懲罰可以接受，大懲罰則可以避一避。否則的話，如果被盛怒的父親打死的話，就會令父親受不義之惡名，從而造成終身遺憾。

曾參聽到後認為，如果真的那樣，自己的罪過就大了！可見曾參對父親的感情之深。

孔子去世後，曾參為了積極推行儒家主張，傳播儒家思想，他便開始聚徒講學。當時曾參的門下有不少弟子，因而

他被尊稱為曾子。

孔子的孫子孔伋，字子思，在孔子過世後便也師從曾子，子思學成之後又傳授給孟子。因之，曾子上承孔子之道，下啟思孟學派，對孔子的儒學學派思想既有繼承，又有發展和建樹。曾子以他的建樹，成為與孔子、顏子、子思、孟子比肩共稱為儒家五大聖人。

曾子在生活上「戰戰兢兢，如臨深淵，如履薄冰」。一生都謹慎小心，用他自己的話來講，叫做「十目所視，十指所指」，意思是說，我一個人在房間裡面，就好像有十隻手指著我，十個眼睛看著我，我當然是循規蹈矩了。

曾子還提出「慎終，追遠，民德歸厚」的主張，又提出「吾日三省吾身」的修養方法。

曾子由於性情沉靜，舉止穩重，為人謹慎，待人謙恭，以孝著稱，齊國打算聘請他為卿。曾子因為要在家孝敬父母，就推辭了。

曾子作為孔子學說的主要繼承人和傳播者，自從著成〈大學〉，他和他的〈大學〉在儒家文化中具有承上啟下的重要地位，被後世儒家尊為「宗聖」。

〈大學〉是中國古代儒家經典《禮記》中的一篇。為「初學入德之門也」。北宋教育家程顥、程頤特別重視〈大學〉，曾

分別將它從《禮記》中抽出來加以改編，使之獨立成篇。南宋著名的思想家朱熹在「二程」改編的基礎上繼續加工、編排，分為「經」、「傳」，作成章句，透過注釋闡發己意，並將它和《論語》、《孟子》、《中庸》合編為「四書」，在封建社會後期影響極大。

《大學》的版本主要有兩個體系，一是經朱熹編排整理，劃分為經、傳的《大學章句》本；一是按原有次序排列的古本，即《禮記》中〈大學〉原文。以朱熹《大學章句》本，流傳最廣、影響最大。

朱熹的《大學章句》，隨其《四書章句集注》一道，在封建社會後期一直被作為學校教育及科舉取士的基本程序，由此，《大學》的思想內容也就透過朝野士大夫的思行言教而輻射到整個社會心理之中。

《大學》文辭簡約，內涵深刻，影響深遠。兩千年來無數仁人志士由此登堂入室以窺儒家之門。該文從實用主義角度，對人們如何做人，做事，立業等等均有深刻啟迪意義。

【旁注】

周禮：指《周禮》、《儀禮》和《禮記》三禮。它們是中國古代禮樂文化的理論形態，對禮法、禮義作了最權威的記載

和解釋,對歷代禮制的影響最為深遠。三禮中的《周禮》又稱《周官》,講官制和政治制度,是中國古代關於政治經濟制度的一部著作,是儒家主要經典之一。

道:也稱道家,是中國古代主要思想流派之一,是後世道教理論的重要基礎之一。代表人物有老子、莊子、慎到、楊朱等。道家以道、無、自然為主,天性為核心理念。他們認為天道無為、道法自然,據此提出了無為而治、以雌守雄、以柔克剛等政治、軍事策略,對中國乃至世界的文化都產生了較大的影響。

修身:是指修養身心,努力提升自身的思想道德修養水準。道家、儒家、墨家都講修身,但內容不盡相同。儒家主張透過修身使自己身體健康,透過養性使自己心智本性不受到損害,再透過自我反省體察,使身心達到完美的境界。是傳統士大夫階層常用的豐富自己內涵修養的方法。

黃帝:又名軒轅帝,是中華民族的始祖,中國遠古時期部落聯盟首領。他播百穀草木,大力發展生產,始製衣冠,建造舟車,發明指南車,定算數,製音律,創醫學等,在此期間有了文字。因為在他統治期間,中國的土地是黃色的,所以稱為黃帝。

曾參(西元前505年～西元前435年):字子輿,16歲拜

孔子為師，勤奮好學，頗得孔子真傳。積極推行儒家主張，傳播儒家思想。他的修齊治平的政治觀，省身、慎獨的修養觀，以孝為本的孝道觀影響中國兩千多年，至今仍具有極其寶貴的的社會意義和實用價值。

孔伋（西元前483年～西元前402年）：姓子，氏孔，名伋，字子思，孔子之孫，戰國初期魯國人。春秋戰國時期著名的思想家，儒家的主要代表人物之一。據說孔伋曾師事曾參，孟子是其再傳弟子，又據《孟子》中記載：孔伋曾被魯繆公、費惠公尊為賢者，以師禮相待，但終未被起用。

卿：本義是饗食，從字形上意思是「陪著國君吃飯的人」。後來，卿也和「相」一樣，變成了一種高級官職的名稱。也稱「上大夫」，漢時乙太常、光祿勳、衛尉、太僕、廷尉、大鴻臚、宗正、大司農、少府為九卿，都是當時的高官。

程顥（西元1032年～西元1085年）：北宋哲學家、教育家、北宋理學的奠基者。字伯淳，學者稱明道先生。河南洛陽人。嘉祐進士，宋神宗朝任太子中允監察御史裏行。程顥曾和其弟程頤學於周敦頤，世稱「二程」，同為北宋理學的奠基者，其學說在理學發展史上占有重要地位。

朱熹（西元1130年～西元1200年）：小名沈郎，小字季延，字元晦，一字仲晦，號晦庵，晚稱晦翁，又稱紫陽先生、

考亭先生等。南宋著名的理學家、思想家、哲學家、教育家。是孔子、孟子以來最傑出的弘揚儒學的大師。其著作甚多,輯定《大學》、《中庸》、《論語》、《孟子》為四書作為教本。

士大夫:中國古代指官吏或較有聲望、地位的知識分子。在中世紀,透過競爭性考試選拔官吏的人事體制為中國所獨有,因而形成了一個特殊的士大夫階層,即專門為做官而讀書考試的知識分子階層。「士大夫」出現於戰國時期,在中國歷史上形成一個特殊的集團。

【閱讀連結】

孔子常常和他的弟子們講如何修身的道理和方法。一天,弟子們向孔子請教:「老師,為什麼說自己做不到的事,就不能要求別人去做呢?」

孔子說:「堯舜用仁愛統治天下,老百姓就跟隨著仁愛;桀紂用凶暴統治天下,老百姓就跟隨著凶暴。統治者的命令與自己的實際做法相反,老百姓是不會服從的。所以,品德高尚的,總是自己先做到。然後才要求別人做到;自己先不這樣做,然後才要求別人不這樣做。不採取這種推己及人的恕道而想讓別人按自己的意思去做,那是不可能的。」眾弟子們恍然大悟,這才明白了「己所不欲,勿施於人」的道理。

人性修養著作的《中庸》

遠古時代，人們逐漸從對「天」的觀察活動中總結出了宇宙的普遍規律，並將其稱之為「道」，使其一代代地傳下來。

人文始祖堯帝傳位給舜的時候所說的話有「允執厥中」，舜帝傳位給禹的時候所說的話也有「人心惟危，道心惟微，惟精惟一，允執厥中」。

堯說的那一句話，就已經講清楚了什麼是「道」的至極之理，也已經完全包含了至極之理的內容。而舜後來在這一句話上又加上另外三句，是為了更好地說明堯所說的那句話的前因後果，因為只有明白了前因後果，才有可能對「道」的理解達到既精且微的「庶幾」的地步。

所以，自從人類得到「道」以來，一代代聖人相互傳承，這樣的傳統稱之為「道統」，即是關於「道」的傳統。像「至聖先師」孔子，雖然本人沒有朝廷的官爵祿位，然而，由於其繼承整理了以往聖人關於「道」的學問，為後來的人在學習「道」的學問上開闢了道路，其在「道」的功德方面甚至還遠勝於堯舜這樣的君王。

人性修養著作的《中庸》

有一天,孔子和弟子們聚在一起討論學問。弟子子貢問孔子:「老師,子張和子夏哪一個賢一些?」

孔子說:「子張過分,子夏不夠。」

子貢又問:「那麼,『過分』是不是比『不夠』賢一些呢?」

孔子說:「『過分』與『不夠』貌似不同,其實本質卻都是一樣的,都不符合中庸的要求。中庸的要求是恰到好處,君子中庸,小人違背中庸。君子之所以中庸,是因為君子隨時做到適中,無過無不及;小人之所以違背中庸,是因為小人肆無忌憚,專走極端。」

子貢又問道:「老師,怎麼樣才能夠完全做到中庸呢?」

孔子長嘆了一口氣說:「天下國家可以治理,官爵俸祿可以放棄,雪白的刀刃可以踐踏而過,中庸卻不容易做到啊。」

子貢又問:「為什麼中庸不容易做到呢?」

孔子說:「中庸之道不能實行的原因是,聰明的人自以為是,認知過了頭;愚蠢的人智力不及,不能理解它。中庸之道不能弘揚的原因是:賢能的人做得太過分;不賢的人根本做不到。無論是智還是愚,無論是賢還是不肖,都是因為缺乏對「道」的自覺性。就像人們每天都要吃喝,但卻很少有人能夠真正品嘗滋味。」

「人人都說自己聰明,可是被驅趕到羅網陷阱中卻不知躲避。人人都說自己聰明,可是選擇了中庸之道卻連一個月時間也不能堅持。」

子貢又問:「老師,什麼樣的人才能夠做到中庸呢?」

孔子說:「像舜那樣具有大智慧的人!舜喜歡向人問問題,又善於分析別人淺近話語裡的含義。避開人家的壞處,宣揚人家的好處。過與不及兩端的意見他都掌握,採納適中的用於老百姓。這就是舜之所以為舜的地方吧!」

孔子對中庸之道持高揚和捍衛態度,是因為一般人對中庸的理解往往過於膚淺,看得比較容易。正是針對這種情況,孔子才把它推到了比赴湯蹈火,治國平天下還難的境地,目的是為了引起人們對中庸之道的高度重視。

孔子曾經說:「中庸作為一種道德,是至高無上的。」針對當時「禮崩樂壞」的社會現實,他也曾感嘆,「老百姓缺乏這種道德已經很久了。」

天下人共有的倫常關係有五項,也就是君臣、父子、夫婦、兄弟、朋友。為了保持彼此之間統一和諧的關係,孔子認為彼此的行動都要有一個「度」,超過或不足都會破壞這種統一和諧的關係。

在諸侯國之間的關係上,孔子針對當時王室衰弱、諸侯

人性修養著作的《中庸》

爭霸的現實,他要求大國在「尊王攘夷」的旗號下以盟會的方式維持列國之間的平衡。他所以對齊桓公和管仲由衷地讚揚,就是因為他們在實現齊國霸業的同時維護了周王室的地位和列國的穩定。

有一天,魯哀公向孔子詢問:「怎麼樣才能把國家治理好?」

孔子說:「周文王、周武王的政事都記載在典籍上。他們在世,這些政事就實施;他們去世,這些政事也就廢弛了。治理人的途徑是勤於政事;治理的途徑是多種樹木。說起來,政事就像蘆葦一樣,完全取決於用什麼人。要得到適用的人在於修養自己,修養自己在於遵循大道,遵循大道要從仁義做起。仁就是愛人,親愛親族是最大的仁。義就是事事做得適宜,尊重賢人是最大的義。至於說親愛親族要分親疏,尊重賢人要有等級,這都是禮的要求。所以,君子不能不修養自己。要修養自己,不能不侍奉親族;要侍奉親族,不能不了解他人;要了解他人,不能不知道天理。」

在個人道德修養上,孔子要求人們,特別是君子應把兩種看起來互相矛盾的品格恰到好處地結合在一起,使之處於一種完善的標準狀態。

一日,弟子子貢向孔子問道:「老師,貧窮而不去巴結

人,富有而不驕傲自大,這種人怎麼樣呢?」

孔子說:「當然可以,但是還不如貧窮而仍然快樂,富有而尚好禮節的人。」又說,「典籍上說,君子矜持而不爭執,就會疑惑不決。」

子貢又問:「老師,奢侈跟節儉相比,哪個更不好呢?」

孔子說:「奢侈就會不恭順,節儉就會寒磣。與其不恭順,寧可寒磣。」

孔子在個人道德修養方面要求對每一種品格都能掌握一個恰到好處的「度」,這就是一個君子的形象。

在處理人倫關係上,孔子把中庸與禮連繫起來,實際上既講等級尊卑,要求每個人充分意識到自己在社會上的地位,不僭越、不陵下,同時又調和、節制對立雙方的矛盾,使不同等級的人互敬互讓,和睦相處,使整個社會和諧地運行。

孔子中庸學說的真諦在於,禮的應用,以和為貴,是一種治國的藝術、處世的藝術和自我修養的藝術。其主要原則有 3 條:一是慎獨自修,二是忠恕寬容,三是至誠盡性。其目的不外乎要求人們正視自己的等級名分,一切都在禮的框架內活動,以求得上下關係的和諧與社會的安寧。

孔子之後,對於「道」能由「見」而能達到「知」境界的,

人性修養著作的《中庸》

只有弟子顏回和曾參,這兩人可說是真正體悟到了「道」的本質,得到了孔子的真傳。其後由曾參再往下傳,又回傳到孔子的孫子子思那裡。

子思生活的時代,正是中國動盪不安的戰國時期,時代的總體特徵正如後來西漢經學家劉向所說:

上無天子,下無方伯,力攻爭強,勝者為君,兵革不休,詐偽並起。

當時的各個大諸侯國都是欲爭當「霸主」以主宰天下。對內力圖改革,以富國強兵,對外則進行兼併以擴大疆土。

在這樣的年代裡,湧現出一批「策士」,他們四處奔波,遊說諸侯,為之出謀劃策。這些「策士」們關心的並非人民的痛苦和社會的動盪,所追求的是個人名利。

這時的學界已經與孔子的聖學相去已遠,各種異端邪學已經繁衍起來。子思恐怕時日愈久遠則道統的真正學問也會流失得愈多,所以按照堯舜相傳的關於「道」的本來之深意,加之平日從父輩和老師之處所得到的見聞,相互參照演繹,寫成《中庸》書,以將道統的精髓詔告於後世的學者。

關於《中庸》一書的作者有不同的說法,傳統觀點認為《中庸》出於子思之手。司馬遷在《史記·孔子世家》中明確指出:「子思作《中庸》。」以後,漢唐注家也多遵從此說。

《中庸》是中國古代討論教育理論的重要論著。後來北宋經學家程顥、程頤極力尊崇《中庸》。南宋著名思想家朱熹又作《中庸集注》，並把《中庸》和《大學》、《論語》、《孟子》並列稱為「四書」。

　　宋、元以後，《中庸》成為學校官定的教科書和科舉考試的必讀書，對中國古代教育產生了極大的影響。《中庸》作為中國古典哲學，曾廣泛而深刻地影響了中國歷史的發展，也為世界文化寶庫貢獻了輝煌的篇章。

【旁注】

　　堯：上古「五帝」之一，姓伊祁，名放勳，史稱「唐堯」。他是中國原始社會末期的部落聯盟長。當他得到帝位後，便在唐縣伏城一帶建立了第一個都城，後來遷都平陽。他當政時期天下安寧，世風祥和，因此，人們將帝堯的時代視為農耕文化出現飛躍進步的時代。

　　道統：儒家傳道的脈絡和系統。孟子認為孔子的學說是上接堯、舜、湯、周文王，並自命是繼承孔子的正統。「道統」一詞是由南宋理學家朱熹首先提出的，他曾說過：「子貢雖未得道統，然其所知，似亦不在今人之後。」

　　中庸：儒家的道德標準，待人接物不偏不倚，調和折中。

它的理論基礎就是天人合一。這就是聖人所要達到的最高境界,這才是真正意義上的天人合一。天人合一就是中國古代人們自覺修養所達到的像美好善良的天一樣造福於人類和自然的理想境界。

舜:中國傳說歷史中的人物,是五帝之一,名重華。舜為四個部落聯盟首領,以受堯的「禪讓」而稱帝於天下,他的國號為「有虞」。他愛護人民、造福於民,宣導天人協和、萬物共榮的社會公德,是上古一位有為的君主。

尊王攘夷:效忠當國者,排除異族侵擾。這則典故的原意是尊奉周王為中原之主,抵禦北方遊牧民族。後來成為面對外族入侵時,結成民族統一戰線的同義詞。「尊王攘夷」一詞源自春秋時期的齊國,當時齊桓公打出了「尊王攘夷」的旗幟,以諸侯長的身分,挾天子以伐不服。

典籍:泛指古今圖書。典籍在今天的主要含義是歷史上重要的文獻名錄之總稱。典籍是指具有典範性、權威性的著作。也就是經過歷史發展而被選擇出來的最有價值的書。其中作為典範的儒家典籍,是指儒家經久不衰的萬世之作,後人才尊敬它稱之為經典。

慎獨:中國古代指君子的一種美德。所謂「慎獨」,是指人們在獨自活動無人監督的情況下,憑著高度自覺,按照一

定的道德規範行動,而不做任何有違道德信念、做人原則之事。這是進行個人道德修養的重要方法,也是評定一個人道德水準的關鍵性環節。

劉向(約西元前77年～西元前6年):西漢經學家、目錄學家、文學家。本名更生,字子政。漢初楚元王劉交四世孫。治《春秋穀梁傳》。曾任諫大夫、宗正等。成帝時,任光祿大夫,終中壘校尉。曾校閱皇家藏書,撰成《別錄》,為中國最早的目錄學著作。

策士:指戰國時代遊說諸侯的縱橫之士,他們大多們有一定的政治主張,熟諳縱橫之術,憑藉機謀智慧、口才辭令,四處奔走遊說於政治集團之間,為他們出奇謀劃妙策。後泛指出計策、獻謀略的人。這種人能夠推動歷史進展,對中國歷史發展通常有很大貢獻。

子思(西元前483年～西元前402年):春秋戰國時期著名的思想家。子思受教於孔子的高足曾參,孔子的思想學說由曾參傳子思,子思的門人再傳孟子。後人把子思、孟子並稱為「思孟學派」,因而子思上承曾參,下啟孟子,在孔孟「道統」的傳承中有重要地位。

人性修養著作的《中庸》

【閱讀連結】

　　一天，孔子的弟子子路問孔子：「老師，問什麼是強？」孔子說：「你所問的是南方人的『強』呢？還是北方人的『強』？還是你所謂的『強』呢？用寬宏柔和的道理教化人，能忍受無理的欺侮而不報復，這是南方人的強，君子安然處之。至於披鎧甲，臥枕刀槍，死也不後悔，這是北方人之強。好勇鬥狠的人安於此道。因此君子與人和平相處，而不隨流俗移轉，這是真正的強啊！」

　　子路性情魯莽，勇武好鬥，所以孔子教導他：有體力的強，有精神力量的強，但真正的強不是體力的強，而是精神力量的強。精神力量的強大展現為和而不流，柔中有剛；展現為中庸之道；展現為堅持自己的信念不動搖，寧死不改變志向和操守。

儒家教材—儒家四書

最古文獻 —— 儒家五經

在五千年的歷史長河中,中國的先賢們創造了燦爛的文化。對此,儒家經典詳實地記載了中國思想文化發展史上最活躍時期的政治、軍事、外交、文化等各方面的史實及影響後世的哲學思想。

儒家經典內容涉及到中國古代社會政治制度、軍事鬥爭、文學藝術等多方面。千百年來,它既是讀書人從事學術活動的基礎文本,也是上至帝王將相,下至黎民百姓治國、修身、立德的根本依據。無論是在中國思想史還是世界思想史上,均產生了極其深遠的影響。

最早詩歌總集的《詩經》

　　在商王朝，由於牲畜業及冶煉工業技術的發展，奴隸主的生活水準得到快速提升。而奴隸主為了祭祀和享樂，音樂歌舞也極為發達。西周政權建立後，由於經濟制度的巨大變革，促使社會在精神文明方面產生飛躍性進步。

　　西周文化透過長期累積和在損益前代的基礎上，得到了空前提升。這時，有人開始用詩歌來記錄生活，抒發情感，歌頌愛情和讚美勞動。

　　每年初春，聚居在一起的百姓都要分散到田野去從事生產勞動。一天，一個年輕的男子在河邊割荇菜的時候，遇到一位美麗的姑娘，於是這位男子對美麗姑娘萌發了強烈的愛慕之情。

　　但很快，美麗姑娘就從男子視線裡消失了，男子遂對美麗姑娘思念不已，以至於回去後輾轉反側，夢寐以求，幻想有一天能與美麗姑娘成婚。

　　後來，男子便將自然景象與自己內心對美麗姑娘的美好情感融會起來，景中含情，情中蘊景地以詩歌的形式唱了出來：

最早詩歌總集的《詩經》

關關雎鳩，在河之洲。
窈窕淑女，君子好逑。
參差荇菜，左右流之。
窈窕淑女，寤寐求之。
求之不得，寤寐思服。
悠哉悠哉，輾轉反側。
參差荇菜，左右采之。
窈窕淑女，琴瑟友之。
參差荇菜，左右芼之。
窈窕淑女，鐘鼓樂之。

這首詩非常優美，如果翻譯成韻文，大致的意思就是：雎鳩關關在歌唱，在那河中小島上。善良美麗的少女，小夥子理想的對象。長長短短鮮荇菜，順流兩邊去採收。善良美麗的少女，朝朝暮暮想追求。追求沒能如心願，日夜心頭在掛牽。長夜漫漫不到頭，翻來覆去難成眠。長長短短鮮荇菜，兩手左右去採摘。善良美麗的少女，彈琴鼓瑟表寵愛。長長短短鮮荇菜，兩邊仔細來挑選，善良美麗的少女，鐘聲換來她笑顏。

當時，輔佐周成王治國的周公為了考察各地民俗風情，了解實施政策的得失，就派出專門的采詩官搖著木製的大鈴

最古文獻──儒家五經

巡視在路上,向百姓採集民歌。然後,將採集到的民歌交給史官,由史官彙集整理成冊後獻給周天子看,作為國家修正政策的參考。

關於周代采詩官采風,在古籍中是這樣記載的:

> 孟春之月,群居者將散,行人振木鐸,徇於路以采詩,獻之太師,比其音律,以聞於天子。故曰王者不出牖戶而知天下。

後來,這些詩歌收集的越來越多,竟達 3,000 多首。於是,周公就讓人把這些詩歌編輯成一本書,叫《詩經》,並讓周天子和周朝貴族子弟們都來讀《詩經》。

因此,《詩經》也成為當時教育普遍使用的文化教材,能背誦《詩經》也成為貴族人士必備的文化素養。《詩經》中的樂歌,有的還成為各種典禮、禮儀的演奏曲目,有的則在聚會時歌唱。

《詩經》被作為周朝禮樂文化的重要組成部分,廣泛流行於諸侯各國,運用於祭祀、朝聘、宴飲等各種場合。《詩經》在當時的政治、外交活動中,發揮了重要作用。而且,在教化人民方面,也有著重要作用。

到了春秋以後,周王朝逐漸衰微。這時,第一個以私人講學身分出現的大教育家孔子,從流傳的 3,000 多篇詩中,把那

些重複的、不符合禮義標準的都刪掉,而精選了305篇詩歌,新編成《詩經》,作為對學生進行政治倫理教育、美育的教材。

在《詩經》中,孔子對詩歌作品的編排和分類,主要是按照音樂的特點來劃分。孔子把《詩經》分為〈風〉、〈雅〉、〈頌〉3部分。〈風〉、〈雅〉、〈頌〉是《詩經》的體裁,也是《詩經》作品分類的主要依據。

〈風〉有15國的國風,是出自各地的民歌。〈雅〉分〈大雅〉、〈小雅〉,大多為貴族用來祈禱豐年、歌頌祖德的詩歌。〈小雅〉中也有部分民歌。〈頌〉則是宗廟祭祀的詩歌。

在《詩經》中,〈風〉詩是從周南、召南、邶、鄘、衛、王、鄭、齊、魏、唐、秦、陳、檜、曹、豳等15個地區採集上來的民間歌謠,共160篇。

在《詩經》中,孔子把〈雅〉分為〈小雅〉和〈大雅〉,主要是宮廷樂歌。〈小雅〉74篇,〈大雅〉31篇,共105篇。〈大雅〉用於隆重盛大宴會的典禮,多是貴族文人作品,內容多為貴族祭祀的詩歌,主要用來祈禱豐年、歌頌祖先的功德。〈小雅〉是用於一般宴會的典禮,其中也有一部分民歌。如其中的〈小雅‧鹿鳴〉:

呦呦鹿鳴,食野之蘋。

我有嘉賓,鼓瑟吹笙。

最古文獻─儒家五經

　　吹笙鼓簧，承筐是將。

　　人之好我，示我周行。

　　這是在國君招待群臣的宴會上所奏的樂歌，為的是求教於賢臣，喚起他們的報國之心。

　　〈頌〉是王侯祭祀宗廟時演奏的樂歌和舞歌。當時，祭神祭祖都是王朝的大典，〈頌〉就是用於這種場合的一種舞樂。「頌」就是讚美王侯的功德，把他們的功業祭告於神明之前的意思。

　　〈頌〉包括〈周頌〉31篇，〈魯頌〉4篇和〈商頌〉5篇，共40篇。〈周頌〉是周王室的宗廟祭祀詩，產生於西周初期。除了單純歌頌祖先功德而外，還有一部分於春夏之際向神祈求豐年或秋冬之際酬謝神的樂歌，反映了漢族以農業立國的社會特徵和西周初期農業生產的情況。如〈豐年〉中唱道：

　　豐年多黍多稌，亦有高廩，萬億及秭。為酒為醴，烝畀祖妣，以洽百禮，降福孔皆。

　　《詩經》形式多樣，其中史詩、諷刺詩、敘事詩、戀歌、戰歌、頌歌、節令歌以及勞動歌謠樣樣都有。描述的內容十分廣泛豐富，它就像古代社會的一部歷史畫卷，形象生動展現了當時的社會現實生活，真實地反映了當時政治狀況、社會生活、風俗民情。

最早詩歌總集的《詩經》

其中有些詩，如〈大雅〉中的〈生民〉、〈公劉〉、〈綿〉、〈皇矣〉、〈大明〉等，記載了后稷降生到武王伐紂，是周部族起源、發展和立國的歷史敘事詩。

有的詩，如〈芣苢〉完整地刻劃了婦女們採集車前子的勞動過程；〈七月〉記敘了人們一年四季的勞動生活；〈無羊〉反映了人民的牧羊生活。

還有不少詩表現了青年男女的愛情生活，如〈蒹葭〉、〈溱洧〉、〈靜女〉、〈采葛〉、〈木瓜〉、〈摽有梅〉、〈柏舟〉、〈將仲子〉、〈谷風〉、〈氓〉等。

在秦末漢初時，先秦古籍散失很多，但《詩經》由於口耳相傳、易於記誦的特點，因此得以比較完整地保存下來。

《詩經》在漢代流傳很廣，尤其是魯國人毛亨和趙國人毛萇的古文〈毛詩〉，在民間廣泛傳授，這就是後來看到的《詩經》。

《詩經》在西漢時被尊為儒家經典，西漢文學家韓嬰發展了詩經，形成了韓詩學，從此，對後來的整個古代文學的發展，產生了深遠的影響。

《詩經》中的「賦、比、興」的表現手法，在中國古代詩歌創作中也一直被繼承和發展著，成為中國古代詩歌的一個重要特點。

最古文獻—儒家五經

在《詩經》中，民歌重疊反覆的形式，準確、形象、優美的語言，也被後世詩人、作家大量的吸取運用。

《詩經》中所表現的「飢者歌其食，勞者歌其事」的現實主義精神，為後世的進步作家樹立了楷模，啟發和推動詩人、作家去關心國家的命運和人民的疾苦，把反映現實作為創作的出發點。

因此，在中國古代文學史上，《詩經》作為古代詩歌的開端，它所表現出的深刻的社會內容和優美的藝術形式，對後世的詩歌，以致整個古代文學的發展都有著極為巨大的影響。

從漢朝起，儒家學者把《詩》當作經典，尊稱為《詩經》，列入「五經」之中，它原來的文學性質就變成了同政治、道德等密切相連的教化人的教科書，也稱「詩教」。

作為中國文學的主要源頭之一，《詩經》一直受到歷代讀書人的尊崇。「至聖先師」孔子對《詩經》有很高的評價。對於《詩經》的思想內容，他說「詩三百，一言以蔽之，思無邪」。對於它的特點，則「溫柔敦厚，詩教也。」孔子甚至說「不學詩，無以言」，顯示出《詩經》對中國古代文學的深刻影響。

最早詩歌總集的《詩經》

【旁注】

西周：是由周文王的兒子周武王滅商後所建立，至西元前771年周幽王被申侯和犬戎所殺為止，共經歷11代12王，大約歷經275年。定都於鎬京和豐京，成王五年營建東都成周洛邑。歷史上將東遷之前那一時期的周朝稱為西周，周朝是中國遠古社會的鼎盛時期。

周成王（西元前1055年～西元前1021年）：姓姬，名誦，周武王之子，是中國西周第二代天子，諡號成王。周成王親政後，營造新都洛邑、大封諸侯，還命周公東征、編寫禮樂，加強了西周王朝的統治。周成王與其子周康王統治期間，社會安定、百姓和睦、「刑錯四十餘年不用」，被譽為「成康之治」。

禮樂：是中國古代文明的重要組成部分。中華「禮樂文化」奠定了中國成為「禮儀之邦」，也叫「禮樂之邦」。「禮樂文化」在中華文明史上，創造了人類的輝煌。禮樂文明在數千年的中華文明發展史上產生了重大而深遠的影響，至今仍有其強大的生命力。

毛亨「毛詩」的開創者。一說西漢魯（今山東曲阜）人；一說河間（今河北河間、獻縣）人。據稱其詩學傳自子夏，作《毛詩古訓傳》，傳授姪兒毛萇。時人謂毛亨為大毛公，毛萇

最古文獻—儒家五經

為小毛公。毛詩是古文詩,所以說毛詩更為接近原本。

韓嬰:漢文帝時為博士,漢景帝時至常山王劉舜太傅。治《詩》兼治《易》,是西漢「韓詩學」的創始人,其詩語與齊、魯大不相同,他推測《詩》之意,雜引《春秋》或古事,與經義不相比附,對後世影響很大。此外,韓嬰的思想主張為廣泛傳播儒家思想,為漢武帝「罷黜百家,獨尊儒術」做了思想準備。

〈國風〉:古代《詩經》的一部分。大抵是周初至春秋間各諸侯國的民間詩歌,也稱為「十五國風」,共一百六十篇。作品大多展現了人民的思想感情,揭露統治階級的罪惡,廣闊地反映了當時的社會生活。但也不盡是民間作品。它是《詩經》中的精華,是中國古代文藝寶庫中璀璨的明珠,是中國現實主義詩歌的源頭。

〈小雅〉:為《詩經》的一部分,共有 74 篇。〈小雅〉中一部分詩歌與〈國風〉類似,其中最突出的,是關於戰爭和勞役的作品。與敘述武功的史詩不同,這些詩歌大都從普通士兵的角度來表現他們的遭遇和想法,著重歌唱對於戰爭的厭倦和對於家鄉的思念,讀來倍感親切。

〈周頌〉:是文學作品中的《詩經》的一部分,是貴族在宗廟中祭祀鬼神和讚美祖先、統治者功德的樂曲,其中周頌是

周王室的宗廟祭祀詩，除了單純歌頌祖先功德外，還有一部分於春夏之際向神祈求豐年或秋冬之際酬謝神的樂歌，從中可以看到西周初期農業生產的情況。

〈大雅〉：〈大雅〉中的雅，舊訓雅為正，謂詩歌之正聲。大雅是《詩經》的組成部分之一。有31篇，大部分作於西周初期。多為西周王室貴族的作品，主要歌頌周王室祖先乃至武王、宣王等之功績，有些詩篇也反映了厲王、幽王的暴虐昏亂及其統治危機。

〈蒹葭〉：此詩出自《詩經》。這首詩就是表現了抒情主角對美好愛情的執著追求和追求不得的惆悵心情。其最有價值意義、最令人共鳴的東西，不是抒情主角的追求和失落，而是他所創造的「在水一方」可望難即這一具有普遍意義的藝術意境。

五經：指儒家的五本經典，即《周易》、《尚書》、《詩經》、《禮記》、《春秋》。漢武帝立五經博士，儒教國家化由此謂開端。東漢在此基礎上加上《論語》、《孝經》，共七經；唐時加上《周禮》、《禮記》、《春秋公羊傳》、《春秋穀梁傳》、《爾雅》，共十二經。

最古文獻─儒家五經

【閱讀連結】

在詩經中也有很多有趣的故事。在周朝時候,各諸侯國每年都要向周天子進獻貢品。楚國的國君派使者吉甫帶來了楚國特產白茅。吉甫是個非常有華的人,他一邊朝拜天子,一邊虔誠吟誦歌頌周王室、周天子興旺發達的詩:「天作高山,大王荒之。彼作矣,文王康之。彼徂矣,岐有夷之行。子孫保之。」

周天子聽後十分高興,就授這位楚國來的使者吉甫「尹」的官職。讓他每年初春時分,當老百姓們到田野幹活的時候,在路上搖著木製的大鈴,向老百姓採集民歌,採到後就讓朝廷樂師配上樂曲,唱給自己聽。

最早的歷史文獻《尚書》

遠古的時候，自從有文字以來，為了把君王的言行和當時所發生的事件記錄下來，政府便設立了專門的史官跟隨在帝王左右。左邊的史官稱為左史，記錄帝王的言語；右邊的稱為右史，記錄帝王的行動。

人文始祖堯在位的時候，明察善斷、思維清晰、遠見卓識，治理天下非常有計謀。堯命令大臣羲仲和和氏，嚴肅謹慎地遵循天數，推算日月星辰運行的規律，制定出曆法，把天時節令告訴人們。

在堯的安排下，大臣羲仲居住在東方的暘谷，每天恭敬的迎接日出，以辨別測定每天太陽東升的時刻。等到晝夜長短相等的那一天，南方朱雀七宿黃昏時出現在天的正南方的時候，羲仲把這一天定為春分。這時，人們分散在田野進行勞作耕種，鳥獸也在這個時節開始生育繁殖。

在堯的安排下，大臣羲叔居住在南方的交趾，每天恭敬地迎接太陽向南運行，以辨別測定每天太陽往南運行的情況，到白晝時間最長，東方蒼龍七宿中的火星黃昏時出現在

南方的時候，羲叔把這一天定為夏至。這時，人們開始搬到高處住，這時節鳥獸的羽毛開始變得稀疏。

在堯的安排下，大臣和仲居住在西方的昧谷，每天恭敬地送別落日，以辨別測定太陽西落的時刻。等到晝夜長短相等，北方玄武七宿中的虛星黃昏時出現在天的南方的時候，和仲把這一天定為秋分。這時候，人們又從高處搬回到平地上居住，這時節鳥獸又開始重新換生新毛。

在堯的安排下，大臣和叔居住在北方的幽都，每天辨別觀察太陽往北運行情況。當白晝時間最短，西方白虎七宿中的昴星黃昏時出現在正南方的時候，和叔把這一天定為冬至。這時，人們開始居住在室內，鳥獸開始長出柔軟的細毛。

由於堯公平選任百官，為此在全天下享有非常崇高的威望。百官也都恪盡職守，成績斐然，各種事情就都興起了。

這一天，堯問大臣們：「誰能負責水利工程呢？」

大臣驩兜說：「讓共工負責吧，共工有豐富的治水經驗。」

堯說：「共工陽奉陰違，言行不一。不能把這麼重大的任務交給他。」堯嘆了口氣又說，「當前洪水氾濫，環山繞陵，下游住的人民深受其害而又沒辦法解決，誰才是根治這水患

最早的歷史文獻《尚書》

的合適人選呢？」

眾大臣說：「您看鯀怎樣？」

堯說：「唔，我看不行，鯀辦事不力，而且疏於團結族人。」

四位德高望重的大臣說：「鯀能不能治水先不要下結論，應該先試用試用。

堯說：「好吧！就叫鯀認真去治水吧。」

鯀一連治了九年水，卻沒治出什麼績效。這時，堯年齡也大了，他打算把帝位禪讓給一個可靠的年輕人。

一天，堯對大臣們說：「我當天子已經七十年了，現在我老了，誰能接替我做天子呢？」

大臣放齊說：「你兒子丹朱聰明練達，堪當重任，讓丹朱接替你當天子吧。」

堯說：「呵！丹朱又奸詐又刁賴，他怎麼可以當天子呢！」

堯對四岳說，「我發現你們德才兼備，我打算傳位給你們中的一位。」

四岳連忙推辭說：「我們接班只能辱沒帝位。您還是另選他人吧。」

083

最古文獻──儒家五經

堯說：「既然你們不願當就算了吧，你們總可以推薦可以做天子的人吧。既可以舉薦名人，也可推薦卑微小民。」

於是，眾大臣都一致向帝堯推薦說：「有個非常能幹的人叫虞舜，讓他當天子吧。」

堯說：「好！誰說給我聽聽，虞舜到底是個什麼樣的人？」

四岳說：「他是盲人『瞽叟』的兒子，他愛護兄弟孝敬父母，透過智慧和忍讓把家治理得井井有條。」

堯說：「如果是這樣的話，那就讓舜作為我的接班人吧。不過，我要先考驗他一下。」

於是，堯把兩個女兒娥皇女英都嫁給舜為妻，並替舜築了糧倉，分給舜很多牛羊。

堯經過考察後，認為舜確是個品德好又能幹的人，於是就把首領的位子讓給了舜。

後來，史官根據唐堯的功德、言行等情況寫作了《尚書》中的〈堯典〉。

《尚書》是中國現存最早的記言體史書，是關於上古時代的政事史料彙編。《尚書》按朝代分為〈虞書〉、〈夏書〉、〈商書〉和〈周書〉，按文體分為誥、訓、謨、誓、命、典六種。主要記載了上古帝王有關政事和治國的言論，也保存了古代經濟、地理及社會性質等方面的珍貴史料。

最早的歷史文獻《尚書》

《尚書》原稱《書》,「尚書」意即上古之書,係上古各朝史官紀錄,非成於一人之手,後由孔子編訂。《尚書》在戰國時已有很高的地位,《荀子》一書中把它稱之為「經」,漢代改稱《尚書》。

《尚書》所錄為虞、夏、商、周各代典、謨、訓、誥、誓、命等文獻。其中虞、夏及商代部分文獻是據傳聞而寫成,不盡可靠。「典」是重要史實或專題史實的記載;「謨」是記君臣謀略的;「訓」是臣開導君主的話;「誥」是勉勵的文告;「誓」是君主訓誡士眾的誓詞;「命」是君主的命令。

另外,《尚書》中還有以人名標題的,如〈盤庚〉、〈微子〉;有以事為標題的,如〈高宗肜日〉、〈西伯戡黎〉;有以內容為標題的,如〈洪範〉、〈無逸〉。這些都屬於記言散文。也有敘事較多的,如〈顧命〉、〈堯典〉。其中的〈禹貢〉,託言夏禹治水的紀錄,實為古地理志,與全書體例不一,當為後人的著述。

自漢以來,《尚書》一直被視為中國封建社會的政治哲學經典,既是帝王的教科書,又是貴族子弟及士大夫必修的「大經大法」,在歷史上很有影響。

《尚書》包括〈今文尚書〉和〈古文尚書〉兩部分。〈今文尚書〉共 28 篇,〈古文尚書〉共 25 篇。現存二十八篇〈今文

最古文獻—儒家五經

尚書〉傳說是秦、漢之際的博士伏生傳下來的，用當時的文字寫成，所以叫做〈今文尚書〉。其中〈虞夏書〉4篇，〈商書〉5篇，〈周書〉19篇。

《尚書》作為中國最早的政事史料彙編，記載了虞、夏、商、周的許多重要史實，真實地反映了這一歷史時期的天文、地理、哲學思想、教育、刑法和典章制度等，是我們了解古代社會的珍貴史料。

除了有珍貴的上古文獻價值，《尚書》也有非常深刻的思想。書中如周公諸篇，對中國政治思想影響巨大，堪稱儒家思想的淵藪。

【旁注】

湯谷：即「暘谷」，神話傳說中太陽升起之處。與虞淵相對，虞淵指傳說中日落之處。根據史料記載，湯谷位於山東東部沿海地區，即現在的山東日照，是上古時期羲和族人祭祀太陽神的地方，是東夷文明的搖籃，也是中國東方太陽文化的發源地。

羲叔：中國遠古傳說時代主南方之官，堯命他居於南交，確定夏至的時間，並據當地的情況，勸導百姓從事農耕。據《尚書·堯典》記載，有南方天文官羲叔，住在南方的

交趾，負責觀測確定夏至日。「羲叔」代表夏季，春夏正是莊稼的播種、生長季節。

冬至：是中國農曆中一個重要的節氣，也是中華民族的一個傳統節日，冬至俗稱「冬節」、「長至節」、「亞歲」等。早在2,500多年前的春秋時代，中國就已經用土圭觀測太陽，測定出了冬至，它是二十四節氣中最早制定出的一個。

共工：中國古代神話中的水神，掌控洪水。在中國上古奇書《山海經》中記載，傳說共工素來與火神祝融不合，因「水火不相容」而發生驚天動地的大戰，最後以共工失敗而怒觸不周山。

鯀：姓姬，字熙。黃帝的後裔、玄帝顓頊的玄孫，是夏王朝開國君主大禹的父親。被堯封於崇地，為伯爵，故稱崇伯鯀或崇伯。鯀治水是中國著名的洪水神話，其所隱含的史實對中國有著極其重要的意義，很可能就是由於這場洪水，導致了中國歷史上第一個國家政權的建立。

四岳：傳說中中國堯舜時代的四方部落首領。《史記》也認為四岳是指四人，因此四岳回答時都是「咸薦」、「皆曰」，表示多人異口同聲。傳說堯為部落聯盟首領時，他們推舉舜為繼承人。舜繼位後，他們又推舉禹幫助舜。這一傳說反映了原始社會末期部落聯盟內部推選人才的情況。

最古文獻—儒家五經

　　娥皇女英：中國古代傳說中堯的兩個女兒。也稱「皇英」。長曰娥皇，次曰女英，姐妹同嫁帝舜為妻。舜繼堯位後，至南方巡視，逝於蒼梧。二妃往尋，淚染青竹，竹上生斑，因稱「瀟湘竹」或「湘妃竹」。二妃也死於江湘之間。自秦漢時起，湘江之神湘君與湘夫人的愛情神話，被演變成舜與娥皇、女英的傳說。

　　〈堯典〉：《尚書》篇目之一，記載了唐堯的功德、言行。〈堯典〉因標榜堯、舜選賢禪讓、任德使能、教化天下的德政故事，因此更受歷代讀書人的推崇，其中所記故事歷來也被視為唐、虞盛世的真實史實。〈堯典〉在史學、經學、儒學研究方面都具有重要價值。

　　荀子（約西元前313年～西元前238年）：名況，時人尊而號為「卿」，西漢時因避漢宣帝劉詢諱，因「荀」與「孫」二字古音相通，故又稱孫卿，著名思想家、文學家、政治家，儒家代表人物之一，荀子對重新整理儒家典籍也有相當顯著的貢獻。

　　〈禹貢〉：是《尚書》中的一篇。〈禹貢〉全書1,193字，以自然地理實體如山脈、河流等為標誌，將全國劃分為9個區即「九州」，並對每個地方的疆域、山脈、河流、植被、土壤、物產、貢賦、少數民族、交通等自然和人文地理現象，作了簡要的描述。是我們研究古代歷史地理的重要文獻。

最早的歷史文獻《尚書》

【閱讀連結】

　　關於《尚書》的編寫和傳說，有人相傳該書為孔子編定。孔子晚年集中精力整理古代典籍，他將上古時期的堯舜一直到春秋時期的秦穆公時期的各種重要文獻資料彙集在一起，經過認真編選，挑選出100篇，這就是百篇《尚書》的由來。孔子編成《尚書》後，曾把它用作教育學生的教材。

　　在秦代，《尚書》曾經失佚，到了漢代的時候，漢政府重新重視儒學，於是由博士伏生口授、用漢代通行文字隸書把《尚書》的內容寫下28篇，這便是今天流傳的《尚書》。

最早的典章制度《禮記》

遠古氏族制時期，按照當時的習慣，男女青年需要在連續幾年內，受到一定程序的訓練，使其具有必要的知識、技能和堅強的毅力，具備充當正式成員的條件。

如果訓練被認為合格，這位青年成年後，便可參與成丁禮，成為氏族正式成員，得到成員應有的氏族權利，如參加氏族會議、選舉和罷免酋長等。當然，也必須履行成員應盡的義務，如參加主要的勞動生產和保衛本部落的戰鬥等。

在當時，宗教意識不甚發達，祭祀等原始宗教儀式並未發展成為正式的宗教，而是很快轉化為禮儀和制度形式來約束世道人心，告訴人們在何種場合下應該穿何種衣服、站或坐在哪個方向或位置等等。

當時的學生，在開學的時候都要穿著禮服，用藻菜祭祀先聖先師，用以表示敬師重道。然後老師讓學生學習〈小雅〉中的〈鹿鳴〉、〈四牡〉、〈皇皇者華〉三首詩，使學生從懂得做官的道理開始。

入學授課時，老師先擊鼓召集學生，然後打開書箱取

書，讓學生對學業恭順。學校有供體罰用的木棍，用來使學生有所畏懼，儀容舉止有所收斂。

夏天大祭之前，天子不視察學校，可以讓學生按自己志向從容學習。老師要經常觀察學生的學習，但不能叮嚀告誡，為的是使學生用心思考。年幼的學生只能聽講，不能提問，學習有先後次序，不能越級。

當時的學生，凡是想透過上學做官和做學問的，首先要立下遠大的志向，然後先學會做人和做事，之後再去做官或做學者。

到了西周初期的時候，西周政府為了加強統治，周武王實行了「封諸侯，建同姓」的政策，把周王室貴族分封到各地，建立西周的屬國。

周武王去世後，他年幼兒子的周成王繼位，武王的弟弟周公旦輔政。周公旦在「分邦建國」的基礎上「制禮作樂」，從而系統地建立了一整套有關「禮」、「樂」的完善制度。其中最重要的是嫡長子繼承制和貴賤等級制。

周公確立的嫡長子繼承制，以血緣為紐帶，規定周天子的王位由長子繼承。同時把其他庶子分封為諸侯卿大夫。他們與天子的關係是地方與中央、小宗與大宗的關係。

周公旦還制定了一系列嚴格的君臣、父子、兄弟、親

疏、尊卑、貴賤的禮儀制度，以調整中央和地方、王侯與臣民的關係，加強中央政權的統治。

在當時，作為國君的隨從，負有保護國君的責任，所以必須恪守的一個「忠」。

魯國和宋國在乘丘交戰時，魯國的將士縣賁父為魯莊公駕車，將士卜國在車右邊護駕。拉車的馬忽然受驚，將車翻倒，使魯莊公從車上摔下來。這時，跟隨魯莊公車後面的副車上的人連忙遞下繩子，把魯莊公拉上了副車。

魯莊公責怪卜國沒護好駕：「卜國啊，你沒有勇力呀！」

縣賁父明知道魯莊公摔倒地上並不是卜國沒護好駕，而是因為車翻倒了，但為了忠於君主，卻說：「以前沒有翻過車，今天卻車翻人墜，這是我們沒有勇氣！」於是縣賁父和卜國兩人遂自殺。

戰爭結束後，馬夫在給魯莊公駕車的馬洗澡時發現有匹馬的大腿內側中了一支飛箭。大家這才明白之所以會翻車，是因為馬受傷了，並不是縣賁父沒駕好車。

這時，魯莊公自責地說：「原來翻車不是他們的罪過。」可惜這兩位將士這時都已經自殺了。

為將士作文悼念的風習，就是從這件事開始的。共有100多卷的《儀禮》便是這樣一部詳細的禮儀制度章程。其中

最早的典章制度《禮記》

就有記述魯莊公為了追述兩位將士的功德所做的文章：

> 魯莊公及宋人戰於乘丘，縣賁父御，卜國為右。馬驚，敗績。公隊，佐車授綏。公曰：「末之，卜也！」縣賁父曰：「他日不敗績，而今敗績，是無勇也！」遂死之。圉人浴馬，有流矢在白肉。公曰：「非其罪也。」遂誄之。士之有誄，自此始也。

《禮記》是戰國至秦漢年間儒家學者解釋說明經書《儀禮》的文章選集，是一部儒家思想的資料彙編。《禮記》的作者不止一人，寫作時間也有先有後，其中多數篇章可能是孔子的七十二弟子及其學生們的作品，還兼收先秦的其他典籍。

《禮記》的內容主要是記載和論述先秦的禮制、禮意，解釋儀禮，記錄儒家創始人孔子和弟子等的問答，記述修身做人的準則。

實際上，這部9萬字左右的著作內容廣博，門類雜多，涉及到政治、法律、道德、哲學、歷史、祭祀、文藝、日常生活、曆法、地理等諸多方面，幾乎包羅萬象，集中表現了先秦儒家的政治、哲學和倫理思想，是研究先秦社會的重要資料。

《禮記》全書用散文寫成，一些篇章具有相當的文學價值。有的用短小的生動故事闡明某一道理，有的氣勢磅礡、

結構謹嚴，有的言簡意賅、意味雋永，有的擅長心理描寫和刻畫，書中還收有大量富有哲理的格言、警句，精闢而深刻。

據傳，編定《禮記》一書的是西漢禮學家戴德和他的姪子戴聖。戴德選編的85篇本叫〈大戴禮記〉，在後來的流傳過程中若斷若續，到唐代只剩下了39篇。戴聖選編的49篇本叫〈小戴禮記〉，即我們現在見到的《禮記》。這兩種書各有側重和取捨，各有特色。

東漢末年，著名學者鄭玄為〈小戴禮記〉作了出色的注解，後來這個本子便盛行不衰，並由解說經文的著作逐漸成為經典，到唐代被列為「九經」之一，到宋代被列入「十三經」之中，成為士人必讀之書。

此外，戴德與戴聖的《禮記》與《儀禮》、《周禮》合稱「三禮」，對中國文化產生過深遠的影響。

【旁注】

氏族制：即氏族制度。氏族是人類從原始社會開始自然形成的血緣組織。原始人過著群體的生活。每個群體的成員都是共同祖先的後代；他們共同生活，共同生產，共同戰鬥，財產公有並且有共同時語言、崇拜、葬地等。這種人群就構

成一個氏族。每個氏族都有族名,用以區別不同的氏族。

〈鹿鳴〉:是先秦表現《詩經》題材的詩歌作品。〈鹿鳴〉是古人在宴會上所唱的歌,詩共3章,每章8句,開頭皆以鹿鳴起興。透過〈鹿鳴〉這首詩的簡單分析,周突顯代宴饗之禮,包括賓主關係、宴樂概況。此詩自始至終洋溢著歡快的氣氛,它把讀者從「呦呦鹿鳴」的意境帶進「鼓瑟吹笙」的音樂伴奏聲中。

魯莊公(西元前706年～西元前662年):姬姓,魯氏,名同,為春秋諸侯國魯國君主之一,是魯國第十六任君主。他為魯桓公的兒子,承襲魯桓公擔任該國君主,在位32年。魯莊公曾經在「長勺之戰」中打敗齊國,又透過「曹沫劫盟」收復失地。

戴德:字延君。西漢人,禮學家,今文禮學「大戴學」的開創者。他任信都王劉囂太傅,宣帝時立為博士,稱「大戴」,也叫「太傅《禮》」。所編著的〈大戴禮記〉,史料價值和學術意義不可低估。其中多數篇章記述從戰國到漢代儒家學派的言論,是研究中國早期儒學的基本資料。

戴聖:字次君,世稱小戴,西漢官員、學者,漢代今文經學的開創者。他與叔父戴德同學《禮》於后蒼,宣帝時以博士參與石渠閣論議,任九江太守,今本《禮記》,即〈小戴禮

最古文獻—儒家五經

記〉。該書在中國儒家思想史上占有重要地位，為後人研究和發展儒家思想文化提供了重要資料。

鄭玄（西元127年～西元200年）：字康成，東漢末年的經學大師，他編著儒家經典，以畢生精力整理古代文化遺產，使經學進入了一個「小統一時代」。他對儒家經典的注釋，收入「九經」、「十三經」注疏中，對於儒家文化乃至整個中國文化的流傳做出了相當重要的貢獻。

《儀禮》：為儒家「十三經」之一，內容記載著周代的各種禮儀，其中以記載士大夫的禮儀為主。秦代以前篇目不詳，漢代初期高堂生傳儀禮17篇，另有古文儀禮56篇，已經遺失。對後世的影響是十分深遠的，冠婚喪祭各種禮節一般都為後世承襲，只是細節上略有增減而已。

《周禮》：是儒家經典，西周時期的著名政治家、思想家、文學家、軍事家周公旦所著，《周禮》所涉及之內容極為豐富，堪稱為上古文化史之寶庫。《周禮》所涉及之內容，凡邦國建制，政法文教，禮樂兵刑，賦稅度支，膳食衣飾等等無所不包。堪稱為上古文化史之寶庫。

王侯：也稱「王侯將相」，因為中國古代封建制度實行終身制和世襲制，而帝王將相就是指皇帝、王侯、及文臣武將，是中國古代的上層階級。周代爵稱，有天子、公、侯、

伯、子男 5 等。年代稍晚的《禮記・王制》，則將天子除外，子男分列，即所謂的公、侯、伯、子、男五等爵。

【閱讀連結】

在春秋時期，晉國大臣知悼子去世了，還沒有下葬，掌管膳食的大臣杜蕢就讓治喪的師曠和李調喝酒，自己也跟著喝。晉平公問其緣由，杜蕢說：「師曠是掌樂的太師，不把這種禮節告訴國君，所以罰他喝酒。李調是國君的近臣。為了吃喝，竟忘了國君的憂患，所以也罰他喝一杯。我掌管膳食，沒有盡到提供刀、匙的職責，卻膽敢參與防止違禮的事，所以罰自己喝一杯。」

晉平公說：「我也有過失，倒杯酒來罰我喝。」杜蕢洗過酒杯，倒上酒舉起獻上。晉平公對侍者說；「如果我死了，一定不要廢止舉杯獻酒的禮儀！」從此，凡是向國君和賓客獻酒過後，就要舉起酒杯，這叫做「杜舉」。

最早的哲學著作《周易》

遠古的時候，人們對天上為什麼會下雨下雪、打雷打閃，地上為什麼會刮大風、起大霧不清楚是怎麼回事。

帝王伏羲透過長期對天地宇宙萬物的觀察和思考後發現，宇宙萬物之間有一個規律。那時人類沒有文字，為了表達這個規律，聰明的伏羲便用符號「-」表示。

「—」是太極，是道，是天地未分時物質性的渾沌元氣。伏羲認為世間的一切都是由元氣這個整體衍生出來的。元氣動而生陽，陽就是陽爻，用「—」表示，陽為單數；元氣靜而生陰，陰就是陰爻，用「— —」表示，陰為雙數。一陰一陽就是兩儀。伏羲認為陰陽是構成宇宙萬事萬物最基本的元素。

然而宇宙萬物之間的陽陰到底是怎麼轉換的呢？轉換的規律是什麼呢？伏羲想來想去，怎麼也想不出個頭緒來。

有一天，伏羲在河邊捕魚，逮住一個白色的龜。這隻龜龜形近圓，龜爪像龍，周身潔白，玲瓏剔透。龜身上的紋理錯落有致：中央有五塊，周圍有八塊，龜蓋周邊有24塊，腹

底12塊。

伏羲認為這隻白龜是個神物,所以就沒有把白龜吃掉,而是挖了個池子,把白龜放養在裡邊。伏羲每次逮些小魚蝦去餵白龜時,白龜都會鳧到伏羲跟前,趴在坑邊不動彈。伏羲沒事兒就坐在坑邊,邊看白龜邊思考宇宙萬物之間的規律。

有一天,伏羲折一根草稈,在地上比著白龜蓋上的花紋畫。畫著畫著,竟畫出了四象,即少陽、老陽、少陰、老陰。然後,他在四象的基礎上,用一通道兒當陽,一斷道兒當陰,一陽二陰,一陰二陽,來回搭配,畫來畫去,竟產生8種新的符號,也就是八卦圖,即先天八卦。

八卦圖畫出來後,伏羲把象徵金、木、水、火、土的「五行」按照龜蓋中央的五塊紋理的秩序排列出來;把象徵八卦的「乾、艮、震、巽、坎、離、坤、兌」按龜身周圍八塊的紋理秩序排列出來;把象徵二十四節氣的符號按照龜蓋週邊24塊的紋理秩序排列出來;把象徵十二地支的子、丑、寅、卯、辰、巳、午、未、申、酉、戌、亥按照龜腹底12塊紋埋的秩序排列出來。

那時,人們靠打漁、狩獵過日子。一個人出去打漁、狩獵最怕的是半路上碰到激烈的天氣變化,來不及逃生。所以,很多人出門打漁、狩獵時,便去問首領伏羲天氣如何。

最古文獻—儒家五經

在一次又一次地精確預測出天氣後,人們對伏羲越來越信賴,問天氣的人越來越多,伏羲來不及應付,就說:從明天開始,我在村口的大樹上掛了一個圖像,你們一看圖像就知道明天是什麼天氣。

從此以後,村民每次出門時,只要去村口看一眼八卦畫,就知道出門後會不會遇到惡劣天氣了。

從此以後,每天伏羲都會用八卦圖分別把代表八種最基本的自然現象掛在村口。即「乾、坤、震、巽、坎、離、艮、兌」,這八卦現象稱為八經。

乾代表天。天以3個陽爻留有一定的空間疊疊而成為「乾卦」,三是個概數,以此表示不知天有多高,即天有看不見的上空。

坤代表地。地字以3個陰爻疊疊而成為「坤卦」。意思是,不知地有多深。地上也有溝壑、山川、河流、湖泊、崖石山洞等。

震代表雷。當時人們最敬畏雷,所以,以2個陰爻覆蓋著1個陽爻表示。意味著雷聲震耳、電光閃閃,能撕破天的形象。

巽代表風。當時人們認為風在天下流動,所以,以2個陽爻覆蓋在1個陰爻之上表示。因為人們最清楚洞穴裡有

風,山川裡有風,山頭上有風,廣闊的平地上也有風。

坎代表水。坎卦中間1個陽爻,上面1個陰爻,下面1個陰爻。中間的陽爻象徵河道,上、下面的陰爻就象徵是流淌著的水。

離代表火。離卦中間1個陰爻,上面1個陽爻和下面1個陽爻。離卦意會為燧人氏的鑽木取火,兩個陽爻是為兩條樹木,陰爻是從中鑽出來的火苗。當時人們看到山火的肆虐,火山的爆發,以及木棍上火苗的飄動,普遍認為火是流動的。所以,用2個陽爻夾著1個陰爻表示。

艮代表山。艮卦是1個陽爻在上,2個陰爻在下面,突出的是天底下的山,地上的山。艮卦不僅可以理解為「山在天底下、天底下的山」還可以理解為「山上面是天,地上面是山」等等概念。

兌代表澤。兌卦是1個陰爻在上面,2個陽爻在下面。這兩個陽爻,可以理解是盛水的地方或器皿。當時人們認為水是從天上落下來的,水是流動的、無孔不入的,所以,一般薄的器皿盛不住它,會漏,需要用兩個陽爻來代表盛水的木製、陶製器皿或厚實的澤地或湖庫。

八卦圖雖然能代表世間萬物的8種基本性質,但世間具體的事物則是無窮無盡的,不可能只有8種,漸漸地,用於

最古文獻—儒家五經

反映天道規律的伏羲先天八卦不能準確反映越來越複雜的人類社會規律了。

商末的時候，國君商紂王昏庸無道，西部諸侯長姬昌廣施仁德，禮賢下士，發展生產，深得人民的擁戴。由此引起商紂王的猜忌和不滿，商紂王聽信讒言，將姬昌囚禁於當時的國家監獄羑里城。

姬昌最初入獄的那些天，因氣憤難息而在這所高出地面五公尺的臺形監獄裡不停地踱步。最後，他鎮靜下來，明白不管心中多麼不滿和氣恨，他也必須接受眼下的現實：暫時無法走出這座監獄。

既然如此，那就找點事做吧，要不然，怎麼度過漫長的白天和夜晚？可在監獄裡有武士在監督著，能做成什麼事呢？這時，他想起了伏羲的八卦，想起了八卦中的乾、坤、震、巽、坎、離、艮、兌，於是他依此琢磨，開始了自己的發現和創造。

姬昌被關了整整7年時間。在這漫長的日子裡，姬昌用監獄地上長的蓍草作為工具，從自然界選取了天、地、雷、風、水、火、山、澤8種自然物，作為萬物生成的根源；然後把世上千變萬化紛紜複雜的事物，抽象為陰陽兩個基本範疇；他把剛柔相對、變在其中，作為自己對世事和人生的基本看法。

最早的哲學著作《周易》

　　最後，姬昌將八卦兩兩相疊，構成64個不同的六劃組合體，即「六十四卦」，每卦中的兩個「八卦」符號，居下者稱為「下卦」，也稱「內卦」，居上者稱為「上卦」，也稱「外卦」。

　　「六十四卦」每卦共有六條線條，稱為「爻」。「爻」的原意也就是陰陽之交變。因此「— —」稱為「陰爻」，以「六」表示；「—」稱為「陽爻」，以「九」表示。六爻的位置稱為「爻位」，自下而上分別為「初」、「二」、「三」、「四」、「五」、「上」。

　　另外，周文王還在每一卦卦形符號下面寫上文辭，即卦爻辭，其中卦辭每卦一則，總括全卦大意，爻辭每爻一則，分指各爻旨趣。六十四卦共有三百八十四爻，因而相應的也有六十四則卦辭和三百八十四則爻辭。

　　透過這六十四卦和三百八十四爻，周文王把自己如何立志，如何心懷天下，如何為人處事，如何交友，如何走出逆境，如何治理國事，如何居安思危，如何對待婚姻、家事。姬昌時而借喻，時而象徵，時而真發感嘆，時而暗指影射，把自己欲表達的東西寄寓在卦辭和爻辭上。

　　如果說「卦辭」是每一卦即每一種情況的總述的話，那麼「爻辭」就是每一卦即每一種情況的具體變化。總述加上6種情態的分述，便是卦辭和6個爻辭。六十四卦，計有64條卦

最古文獻—儒家五經

辭和 384 條爻辭，總計 448 條。

周文王在這部著述就是被稱為「群經之首，大道之源」的《周易》，將人生哲理、世間情態，盡收其中。

由於《周易》成書很早，文字含義隨時代演變，其內容在春秋戰國時便已不易讀懂，於是，那些專門研究《周易》的人被稱為易學家。

孔子起初並沒有學《周易》，一次，他偶然間用《周易》占卜自己的命運，占得一卦為「火山旅」。他便以此卦請教於經通《周易》的商瞿。

商瞿對他說：「『旅』卦的彖辭曰：『小亨，柔得中乎外，而順乎剛，止而麗乎明。』意思是雖有太陽般的光明但卻靜止不動。您占這卦表明，您雖然具有聖人的智慧，集大道於一身，卻沒有權威的地位，不能施行於天下。」

孔子聽後長嘆道：「鳳凰不向此地飛來，黃河沒有龍圖出現，這真是天命啊！」從那以後，孔子開始反覆研讀《周易》。

春秋時的書，主要是以竹子為材料製造的，把竹子破成一根根竹籤，稱為「簡」，用火烘乾後在上面寫字。一根竹簡只能寫一行字，多則幾十個，少則八九個。一部書要用許多竹簡，這些竹簡必須用牢固的繩子之類的東西編連起來才能

閱讀。像《周易》這樣的書，是由許許多多竹簡編連起來的。

　　孔子花了很大的精力，把《周易》全部讀了一遍，基本上了解了它的內容。接著又讀第二遍，掌握了它的基本要點。再接著，他又讀第三遍，對其中的精神、實質有了透澈的理解。在這以後，為了深入研究這部書，又為了給弟子講解，他不知翻閱了多少遍。這樣讀來讀去，把串連竹簡的牛皮帶子也給磨斷了幾次，不得不多次換上新的再使用。

　　即使讀到了這樣的地步，孔子還謙虛地說：「假如讓我多活幾年，我就可以完全掌握《周易》的文與質了。」

　　透澈理解《周易》的精神和實質後，孔子寫下了 10 篇觀後感：《彖傳》上下、《象傳》上下、《文言》、《繫辭傳》上下、《說卦傳》、《序卦傳》、《雜卦傳》，共計 7 種 10 篇。這 10 篇觀後感被後人稱為《十翼》，又稱為《易傳》，以解讀《易經》。

　　彖傳，隨上下經分為上下兩篇，共 64 節，分釋六十四卦卦名、卦辭和一卦大旨。

　　象傳，隨上下經分為上下兩篇，闡釋各卦的卦象及各爻的爻象，釋卦象者稱為《大象傳》，釋爻象者稱為《小象傳》。

　　文言，共兩節，分別解說《乾》、《坤》兩卦的意旨，故也稱《乾文言》、《坤文言》。主要是在《彖》和《象》的基礎上作出進一步闡發與拓展。

繫辭傳，分為上下兩篇，主要申說經文要領，貫徹卦爻辭的基本義理。文中對《周易》經文作了全面的辨析與闡發，一者抒發《易》理之精微，二者展示讀《易》之要例。

說卦傳，是闡述八卦取象大例的專論，也是探討《易》象產生於推展的重要依據。

序卦傳，是《周易》六十四卦排列次序的推衍綱要，揭示各卦之間的相承相受。前半段經《乾》至《離》共三十卦，主說天道；後半段自《咸》至《未濟》三十四卦，主說人倫。

雜卦傳，猶言「雜糅眾卦，錯綜其義」。將六十四卦重新編為 32 對「錯綜卦」，旨在闡發事物的發展在正反相對因素中體現的變化規律。

《漢書·儒林傳》記載：「孔子讀易，韋編三絕，而為之傳。」

加我數年，五、十以學易，可以無大過矣。

孔子學《周易》至於韋編三絕，積功力久，發此感慨：「再給我五年或十年，在易上更加深入，可以減少犯大的過失。」

《周易》是一部中國古哲學書籍，也稱易經，簡稱易，「周」有周密、周遍、周流等意。另有說「周」是「周普」的意思，即無所不備，周而復始。也有人認為《易經》流行於周

最早的哲學著作《周易》

朝故稱《周易》，還有人依據《史記》的記載「文王拘而演周易」，認同《易經》乃周文王所著，所以叫《周易》。

「易」一說由蜥蜴而得名，為一象形字；一說，在西周，易即雅樂，是執政者駕馭黎民百姓，維護宗法制度的手段和工具；還有說，日月為易，象徵陰陽，揭示陰陽循環交替之理。

另外，易也有「道」的意思，含有日出、占卜、變易、變化、交易、恆常的真理。東漢鄭玄的著作《易論》認為「易一名而含三義：簡易一也；變易二也；不易三也。」這句話總括了易的三種意思：「簡易」、「變易」和「恆常不變」。

《周易》的內容主要包括「經」和「傳」兩部分。「經」部分，主要是六十四卦的卦形符號與卦爻辭，有陰爻和陽爻。「傳」實際上是闡釋《周易》經文的專著，即《彖傳》上下、《象傳》上下、《文言》、《繫辭傳》上下、《說卦傳》、《序卦傳》、《雜卦傳》，共計 7 種 10 篇。因「傳」闡發經文大義，如本經之羽翼，故漢人稱之「十翼」，後世統稱《易傳》。

關於《周易》作者和成書年代向有爭議。《漢書·藝文志》提出「人更三聖，世歷三古」之說，認為中國人文始祖伏羲氏畫八卦，西周奠基人周文王演六十四卦、作卦爻辭，至聖先師孔子作傳解經。

最古文獻—儒家五經

　　《周易》是一部古老而又燦爛的文化瑰寶，古人用它來預測未來、決策國家大事、反映當前現象，上測天，下測地，中測人事。然而《周易》占測只屬其中的一大功能，其實《周易》囊括了天文，地理，軍事，科學，文學，農學等豐富的知識內容。只要能讀懂《周易》，無論是哪一行從業者都能在其中汲取智慧的力量。

　　作為中國文化的源頭活水，《周易》的內容極其豐富，對中國幾千年來的政治、經濟、文化等各個領域都產生了極其深刻的影響。無論孔孟之道，老莊學說，還是《孫子兵法》，抑或是《黃帝內經》無不和《易經》有著密切的連繫。

　　一代大醫孫思邈曾經說過：「不知易便不足以言知醫。」可以一言以蔽之：沒有《易經》就沒有中國的文明。作為中國最古老的文獻之一，《易經》在西漢時被儒家尊為「五經」之首，在中國文化史上享有最崇高的地位。

【旁注】

　　太極：是中國文化史上的一個重要概念、範疇，中國古代哲學用以說明世界原本的範疇。太，即大；極，指盡頭，極點。物極則變，變則化，所以變化之源是太極。太極與八卦有著非常密切的連繫。太極是闡明宇宙從無極而太極，以

致萬物化生的過程。太極也是道教易學，道教哲學中重要的基本概念。

陰陽：源自中國古代人民的自然觀。古人觀察到自然界中各種對立又相連的大自然現象，如天地、日月、晝夜、寒暑、男女、上下等，以哲學的思想方式，歸納出「陰陽」的概念，是國學之本，對後來中國傳統文化的發展有巨大作用。

四象：中國古人把東、北、西、南四方每一方的七宿想像為四種動物形象，叫做四象。四象在中國傳統文化中指青龍、白虎、朱雀、玄武，分別代表東西南北四個方向，源於中國古代的星宿信仰。在二十八宿中，四象用來劃分天上的星星，也稱四神、四靈。

地支：是指木星軌道被分成的 12 個部分。木星的公轉週期大約為 12 年，所以，中國古代用木星來紀年，故而，而稱為「歲星」。後來又將這 12 個部分命名，這就是「地支」。是個千古之謎，也是玄學之迷，揭開這個謎，就是揭開玄學之謎的開端，就可以探尋到占玄學的真諦。

八卦：中國古代的一套有象徵意義的符號，由三條長畫或斷畫組成的八種圖式，八卦相傳是伏羲所造，後來用來占卜，對後世影響很大。八卦有不同類型，宋代邵雍理論經朱熹傳播以來，先天八卦、後天八卦為大眾所知。

最古文獻—儒家五經

燧人氏：又稱「燧皇」，或簡稱燧人，名允婼，三皇之首，上古時代燧明國。為華胥氏之夫、伏羲與女媧的父親，是華夏人工取火的發明者，結束了遠古人類茹毛飲血的歷史，開創了華夏文明，商丘因此被譽為華夏文明的發祥地，被授予「火文化之鄉」稱號。

陰爻：《易經》六十四卦的兩個基本符號之一，與陽爻「—」相對，以「— —」表示。《易・乾》：「初九，潛龍勿用。」唐孔穎達疏：「八為陰數而畫陰爻，今六為老陰，不可復畫陰爻，故交其錢，避八而稱六。」高亨《周易大傳通說》第二章：「此爻為陽爻，是為剛居下位；此爻為陰爻，是為柔居尊位。」

陽爻：《易經》六十四卦的兩個基本符號之一，與陰爻「— —」相對，以「—」表示。《易・大壯》：「大壯利貞。彖曰大壯，大者，壯也。」三國時期的魏王弼注云：「『—』者謂陽爻。小道將滅，大者獲正，故利貞也。」

商紂王（？～西元前1046年）：帝辛，名受，後世人稱殷紂王。帝辛天資聰穎，聞見甚敏，繼位後重視農桑，社會生產力發展，國力強盛。發起對東夷用兵，打退了東夷向中原擴張，把商朝勢力擴展到江淮一帶，國土擴大到山東、安徽、江蘇、浙江、福建沿海。在位30年，後世評價褒貶不一。

伏羲：中華民族的人文始祖，「三皇」之首，百王之先。他受到了中華兒女的稱讚和共同敬仰。他創造曆法、教民漁獵、馴養家畜、婚嫁儀式、始造書契、發明陶塤、琴瑟樂器、任命官員等等，對後世影響極大。

商瞿：商姓，名瞿，字子木，春秋末年魯國人。商瞿喜好《易經》，孔子就傳授《易經》給他。後來商瞿又傳給楚人子弘。從此，《易經》傳於後世儒者，傳八代至漢川人楊向，楊向以懂易學而至中大夫，以「易學」入仕。商瞿的造詣很高，是孔門傳道者之一。

竹簡：戰國至魏晉時代的書寫材料。是削製成的狹長竹片，牘比簡寬厚，竹製稱竹牘，木製稱木牘。均用毛筆墨書。竹簡對中國文化的傳播發揮了至關重要的作用，也正是它的出現，才得以形成百家爭鳴的文化盛況，同時也使孔子、老子等名家名流的思想和文化能流傳至今。

《漢書》：又稱《前漢書》，由中國東漢時期的歷史學家班固編撰，是中國第一部紀傳體斷代史，「二十四史」之一。它是繼《史記》之後中國古代又一部重要的史書，與《史記》、《後漢書》、《三國志》並稱為「前四史」，對後世影響巨大。

《孫子兵法》：是中國古代的兵書，作者為春秋末年的齊國人孫武，是世界上現存最古老的兵書，歷來受到兵家的重

視。一般認為,《孫子兵法》成書於專諸刺吳王僚之後孫武見吳王之間,也就是西元前 515 至西元前 512 年,全書為 13 篇,是孫武初次見面贈送給吳王的見面禮。

【閱讀連結】

在遠古的時候,有個部落首領伏羲教會人民結繩為網以漁,養蓄家畜,促進了生產的發展,改善了人們的生存生活條件。因此,上天祥瑞迭興,並授予他一件神物。

據《易·繫辭上篇》記載:「河出圖,洛出書,聖人則之。」有一種龍背馬身的神獸,生有雙翼,高八尺五寸,身披龍鱗,凌波踏水,如履平地,背負圖點,由黃河進入圖河,游弋於圖河之中。人們稱牠為龍馬。伏羲看到龍馬後,依照龍馬背上的圖點,畫出了圖樣。等伏羲畫完,龍馬潛入水中。沒過多久,有隻神龜背上背著一本書從洛水出現了。伏羲神龜背上的書後,遂根據這種天賜的符號畫成了八卦。

最早編年體史書《春秋》

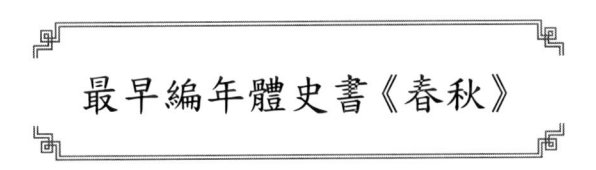

西周初始,國家專門設立了太史記載國家大事,太史逐年逐月逐日記載,之後把記載的國家大事編輯成簡冊,遂成史書。因為每年有春、夏、秋、冬四季,太史便標舉「春秋」兩字,以代表每一年。

西元前770年,周平王東遷,由於強大起來的諸侯爭霸,導致西周王朝分裂為數十個大大小小的諸侯國。西周王朝的衰弱,又導致來中央朝拜周王的諸侯越來越少,為了記載國家大事,周王便分派很多史官到各個諸侯國去記錄發生在其國內的大事。周王派出的史官雖在各國,而其身分則仍屬王室,不屬諸侯。

西元前607年,晉國發生了一件大事,國君晉靈公被殺。晉靈公經常站在高臺上用彈弓射人,以觀看人們躲避他彈射的彈珠來取樂,激起了民眾和大臣們對他的極度不滿。

正在宮廷議事的大夫趙盾和士季看到從車裡露出來的人手,問清楚廚師被殺的原因後,為這件事深感憂慮。趙盾準備進諫,士季說:「您進諫,如果國君不接受,那就沒有誰能

最古文獻──儒家五經

接著進諫了。請讓我先去吧,沒有採納,您再繼續勸說。」於是,士季往前走了3次,伏地行禮3次,靈公假裝沒看見。

過了很久,晉靈公才看了看他,說道:「我知道所犯的錯誤了,準備改正它。」

士季叩頭答道:「哪個人沒有過錯呢?有了過錯能改正,沒有什麼善事能比這個更大的了。《詩經》上說,『沒有誰沒有個好的開頭,但卻很少有人能堅持到最後。』所以,能夠糾正錯誤的人是很少的。您若能有始有終,那麼國家就鞏固了,哪裡僅僅是臣子們有所依靠呢。《詩經》又說,『天子有沒盡職的地方,只有仲山甫來彌補。』意思是說過失是能夠彌補的,您能彌補自己的過失,君位就丟不了啦。」

然而,晉靈公嘴上說改正錯誤,但實際上卻一點也沒改。為此,趙盾又多次進諫。因為趙盾進諫的次數多,晉靈公漸漸地越來越厭惡趙盾,並派勇士鉏麑去暗殺趙盾。

鉏麑為了趁趙盾還沒起床時暗殺趙盾,大清早天還沒亮就趕到趙盾家。誰知鉏麑到時,見趙盾臥室的門已經打開,趙盾也早已穿戴整齊準備上朝了。由於上朝的時間還早,趙盾就端坐在那裡打瞌睡。

鉏麑退出來感嘆地說:「趙盾時刻不忘記恭敬,真是百姓的主啊。殺害百姓的主,就是不忠;不履行國君的使命,

就是不守信用。我既不想做不忠之人,也不想做不守信用之人,現在只能選擇死了。」於是,鉏麑撞死在槐樹上。

晉靈公見趙盾沒被暗殺,心中不甘,又過了一些時候,靈公說要賜酒給趙盾喝,邀請趙盾到皇宮去。在趙盾到來之前,晉靈公預先在皇宮內埋伏好身穿鎧甲的武士,準備在趙盾喝酒時攻殺趙盾。

趙盾進皇宮後,他的隨從提彌明馬上發現有埋伏,就快步走上堂對趙盾說:「臣子侍奉國君飲酒,超過了三杯,不合乎禮儀。」說完趕緊扶趙盾下堂。

晉靈公見趙盾要走,馬上喚出猛犬向趙盾撲去。提彌明徒手搏擊猛犬,把猛犬打死了。趙盾說:「不用人而使喚狗,即使凶猛,又經得起什麼?」一面搏鬥,一面退出宮門。

這時,提彌明為掩護趙盾被武士們殺死。就在趙盾被武士們圍攻的緊急當口,武士中有個人忽然把戟掉轉來抵禦晉靈公手下的人,使趙盾得免於難。趙盾問這位武士為什麼救他,對方回答說:「我就是您在翳桑救的餓漢呀。」

原來,有一次趙盾在首陽山打獵,在翳桑住了一晚。在翳桑時,趙盾看見一位叫靈輒的人餓倒在地,就問他得了什麼病。靈輒回答說:「我沒有生病,我已經多日沒有吃東西了。」趙盾馬上請人拿來很多食物給靈輒。

誰知靈輒狼吞虎嚥地吃了幾口後卻不吃了。問其原因，靈輒答道：「我在外當奴僕已經多年沒回家了，不知道我母親現在還在不在。我現在離家這麼近，請您允許我把這些東西拿回家送給我母親。」

趙盾說：「你吃吧，你把這些東西全部吃完。我另外幫你母親準備食物。」之後，趙盾給靈輒預備一筐飯和肉，放在袋子裡送給他。不久，靈輒做了晉靈公的甲士。

晉靈公要攻殺趙盾，靈輒見被攻殺的人竟然是自己的恩公，便掉轉戟頭來抵禦那些殺手。

趙盾見晉靈公三番五次想殺自己，便逃亡國外。在趙盾還沒有逃出晉國國境的時候，晉靈公的堂弟趙穿在桃園把晉靈公殺死了。於是，趙盾又跑回來繼續主持國政，並派人到成周把公子黑臀接回來，接替晉靈公做晉國君主。

晉國的太史董狐在記載晉國大事時，把晉靈公被殺這件事刻在竹簡上：

秋九月乙丑，晉趙盾弒其君夷皋。

趙盾看到後委屈地說：「靈公不是我殺的，我冤枉啊。」

董狐說：「你作為正卿大夫，逃亡沒有走出國境，回來又不能懲辦凶手，不是你殺的是誰殺的？」

趙盾嘆了口氣說：「唉！那就算是我殺的吧。《詩經》說，

『由於我懷念祖國，反而自己找來了憂患。』大概就是這個意思吧！」

春秋時期，各個諸侯國的史官們在記載歷史事件的時候，把求真紀實既當作目的又當作原則，因此，他們恪盡職守，完全是按照事實記史，即便得罪國君被殺也在所不辭。

除晉國太史董狐據實記載晉國發生的大事件外，齊國的史官也是如此。

齊國大夫棠公的妻子棠姜長得非常漂亮，棠公死後，齊國丞相崔杼便把她娶了過來。

齊國國君齊莊公得知崔杼得了一位美妻，便多次到崔杼家和棠姜私通。有一次，齊莊公與棠姜私通回來之時還順手拿了一頂崔杼的帽子送給別人。

齊莊公的侍者勸阻齊莊公別拿。齊莊公卻笑道：「拿了崔杼一頂帽子而已，難道他沒有別的帽子嗎？」

這件事後，齊莊公和崔杼的關係徹底破裂。

有一次，齊莊公舉行國宴款待來訪的莒國國君，作為國相的崔杼稱病不參加。

乙亥日，齊莊公藉探病為由，到崔杼府上準備與棠姜偷情。在庭院中，齊莊公追嬉棠姜。事先有謀的棠姜進入內室後將屋門關上就不再出來，於是齊莊公在前堂抱著柱子唱

歌,希望用歌聲把棠姜引出來。

跟齊莊公一起來的宦官賈舉因痛恨齊莊公曾鞭打過他,早就和崔杼預謀今天要殺掉齊莊公。所以,當齊莊公進入院子後,賈舉便把齊莊公的侍從攔在外面,自己一個人跟著齊莊公進入院子,並將院門從裡面拴上。

正當齊莊公在棠姜內室前堂唱歌時,早埋伏好的刀斧手便一擁而上。齊莊公嚇得趕緊跑到一座高臺上,刀斧手們呼啦一下包圍了這座高臺。齊莊公求他們饒命,並要求找崔杼來對話,均被拒絕。

齊莊公見說服不了他們,於是拔腿逃跑。在他翻越一道牆的時候,追兵射中了他的大腿,齊莊公從牆頭掉下來,士兵們一擁而上將他殺了,他手下的 10 個隨從也盡數被誅。

上大夫晏嬰聽說此事後,第一時間來到崔杼家,枕著齊莊公的遺體大哭起來,哭完之後對著遺體拜三拜而出。

崔杼手下勸崔杼殺死晏嬰,崔杼搖頭說:「晏嬰是百姓所景仰的人,殺了這樣的人會失去民心。」

齊莊公死後,崔杼擁立莊公的弟弟杵臼為君,史稱齊景公,崔杼仍舊是國相。

齊國太史在記載這件事時,就在竹簡上刻上「崔杼弒其君」這句話,意思是崔杼殺了他的國君。

最早編年體史書《春秋》

　　齊國南部有位「南史氏」的史官,聽了齊國史官因記載「崔杼弒其君」,兄弟兩人連被殺害後,便趕到齊國,預備續寫此事。南史氏到後,聽說這件事已經如實記載在竹簡上了,南史氏這才回去。

　　鄭國國君的妻子姜氏生了兩個兒子,大兒子叫寤生,小兒子叫段。段長得討人喜歡,特別受到姜氏寵愛。所以,姜氏希望掘突將來把鄭國的君位傳給段。

　　掘突沒有同意,還是照當時的規矩,立大兒子寤生為太子。西元前743年,掘突去世了,寤生即位做了國君,即鄭莊公。

　　姜氏見心愛的小兒子段沒成為國君,就對鄭莊公說:「你接著你父親當了諸侯,你把京城封給段吧。」

　　第二天,鄭莊公召集了文武百官,他要把京城封給他的弟弟段。

　　大夫祭足反對說:「這哪兒行啊?京城是個大城,跟我們的都城一樣,是個重要的地方。再說段是太夫人寵愛的,要是他得了京城,勢力大了,將來必定生事。」

　　鄭莊公說:「這是母親的意思,我做兒子的不能不依。」鄭莊公不管大臣們反對,還是把京城封給了段。從此,人們把段叫「京城太叔」。

119

最古文獻──儒家五經

　　太叔打算動身上京城去，他來向母親姜氏辭行。姜氏拉著他的手說：「你哥哥一點都沒有親兄弟的情分。京城是我逼著他封給你的。他答應是答應了，心裡準不樂意。你到了京城，得好好操練兵馬，將來找個機會，你從外面打進來，我在裡面幫著你。要是你當了國君，我死了也能閉上眼睛啦。」

　　太叔到京城後，一面招兵買馬，一面操練軍隊。鄰近地方的奴隸和犯罪的人逃到京城去的，他一律收留。20年後，太叔的勢力壯大起來。

　　這些事傳到鄭莊公耳朵裡。有幾個大臣請鄭莊公快點去管一管京城太叔，說他要謀反。鄭莊公自己有主意，還替太叔辯白說，「太叔能這麼不怕辛苦，操練兵馬，還不是為了我們嗎？」大臣們私下都替國君擔心，說這會兒這麼任由太叔發展下去，將來後悔就來不及了。

　　沒有多少日子，太叔真把鄰近京城的兩個小城奪去了。大臣都著急了，祭足說：「京城太叔操練兵馬，又占了兩個城，這不是造反嗎？您就該立刻發兵去鎮壓！」鄭莊公說：「我寧可少了幾個城，也不能傷了兄弟的情分，叫母親傷心呢。」

　　過了幾天，鄭莊公吩咐大夫祭足管理朝廷上的事情，自

己上洛陽朝拜周天子去了。

姜氏得到了這個消息，趕緊寫信，安排一個心腹人到京城約太叔發兵來打新鄭。

京城太叔接到了母親的信，他對手底下的士兵說：「我奉了主公的命令發兵去保衛都城。」說著就發動兵車，打算動身。

誰知道鄭莊公早就派公子呂把什麼都布置好了。公子呂叫人在半路上抓住了那位送信給姜氏的人，搜出信來，交給鄭莊公。

原來，鄭莊公假裝上洛陽去，偷偷地繞了一個彎兒，帶領著兩百輛兵車來到京城附近，埋伏就緒，就等太叔動手。

公子呂派了一些士兵打扮成生意人的模樣，混進京城，他們就在城門樓子上放起火來。公子呂瞧見城門起火，立刻帶領大軍打進去，占領了京城。

太叔出兵不到兩天，聽說京城丟了，便連夜趕回來。士兵們這才知道太叔出兵原來是要他們去打國君，亂哄哄地跑了一半。太叔一見軍心變了，奪不回京城，就自殺了。

鄭莊公在太叔身上搜出了姜氏的信，叫人把來信和回信送給姜氏看，還囑咐祭足把姜氏送到城穎去住，發誓說：「不到黃泉，再也不跟母親見面了。」

最古文獻—儒家五經

沒過了幾天,鄭莊公回到新鄭。外面沸沸揚揚,都說他這麼對待母親太過分了。做一個國君,就盼望臣民像孝順父母那樣對待他,他自己卻落了個不孝的罪名,人家還會來為他效力嗎?

鄭莊公認為自己已經發過誓,不到黃泉,不再跟母親見面。誓言不算數,往後人家還拿他的話當話嗎?

鄭莊公正為這事左右為難時,城穎一位叫穎考叔的官員,向鄭莊公建議說:「人不一定要死了才到黃泉。挖個地道,挖出水來,不就是黃泉嗎?我們再在地道裡蓋一棟房子,請太夫人坐在裡面。主公走進地道去跟大夫人見面,不就應了誓言嗎?」鄭莊公一聽,這真是個好辦法。地道挖好後,鄭莊公從地道把母親接回到宮裡。

對給他出了這個兩全其美主意的穎考叔,鄭莊公拜他為大夫,讓他跟公子呂、公孫子一同管理軍隊。

後來,魯國的孔子聽說了晉國、齊國、鄭國等諸侯國發生的這些事情,覺得有必要把各個諸侯國,尤其是魯國的歷史記錄下來,留給後世。於是,他就寫了一部史書,名為《春秋》。

《春秋》是儒家的經書,記載了從魯隱西元年到魯哀公十四年魯國12位君主的歷史,基本上是魯國史書的原文。也

最早編年體史書《春秋》

是中國現存最早的一部編年體史書。魯隱西元年就是西元前722年,魯哀公十四年就是西元前481年。

事實上,《春秋》雖然依據魯國國君的世系紀年,但記述範圍卻遍及各諸侯國,是有準確時間、地點、人物的原始紀錄,具有信史價值。

全書大約1.7萬字,主要內容記載春秋時期各諸侯國執政階級的政治活動,包括諸侯國之間的征伐、會盟、朝聘等;也記載一些自然現象,如日蝕、月蝕、地震、山崩、星變、水災、蟲災等;經濟文化方面,記載一些祭祀、婚喪、城築、宮室、搜狩、土田等。

在中國遠古時期,春季和秋季是諸侯朝聘王室的時節。另外,春秋在古代也代表一年四季。而史書記載的都是一年四季中發生的大事,因此「春秋」是史書的統稱。而魯國史書的正式名稱就是《春秋》。

傳統上認為《春秋》是孔子的作品,也有人認為是魯國史官的集體作品。《春秋》原本秦代以後已經失傳,現在的版本是由《左氏傳》、《公羊傳》、《穀梁傳》三傳中拼湊的。

《春秋》雖然不是歷史學著作,卻是可貴的史料著作,因而對於研究先秦歷史,尤其對於研究儒家學說以及孔子思想意義重大。孟子曾經說:「孔子成《春秋》,而亂臣賊子懼」。

最古文獻─儒家五經

另外,《春秋》作為魯國的史書,其作用早已超出史書範圍,春秋用辭遣句「字字針砭」成為獨特的文風,被稱為春秋筆法,為歷代文代史家奉為經典。

【旁注】

周平王東遷:是東周初期發生的歷史事件。西元前771年,犬戎攻破鎬京,於是周平王在即位後的第二年,即西元前770年,將國都遷至雒邑。平王東遷是歷史學家劃分時期的重要事件,亦是周朝國勢的轉捩點。平王遷都之後的周朝被稱為東周,而由周武王立國至周幽王被殺的時期則稱為西周。

晉靈公(西元前620年~西元前607年):晉襄公之子。姬姓,名夷皋。西元前620年即位,其時年齡尚幼,後來漸長,寵信屠岸賈,不行君道,以重稅來滿足奢侈的生活。當時的大臣趙盾力諫無果,被迫弒之。後世多有貶義。

趙盾(?~西元前601年):嬴姓,趙氏,名盾,諡號宣,時人尊稱其趙孟,史料中多稱之趙宣子、宣孟,春秋中前期晉國卿大夫,趙衰之子,傑出的政治家、戰略指揮家。他使晉國君權首次受到衝擊與削弱,樹趙氏之威,使趙氏一族獨大晉國。

最早編年體史書《春秋》

鉏麑：是晉國著名的大力士。鉏麑，在史籍《呂氏春秋·過理》中記作沮麑，在史籍《漢書·古今人表》中記作鉏麑，而漢朝史學家劉向在《說苑·立節》中則又作鉏之彌。

靈輒：是春秋時期著名的俠士之一，他受趙盾一飯之恩，後來為保護趙盾而死，於是便成為中國古代知恩不忘報的典型人物。對於靈輒知恩圖報的故事，後來的唐代大杜甫在〈奉贈韋左丞丈二十二韻〉詩中就引用了它：「常擬報一飯，況懷辭大臣。」

黑臀（？～西元前600年）：即晉成公，晉文公之子，晉襄公之弟，晉靈公的叔叔，母親是周王室女子，他是春秋時期晉國的著名君主。西元前600年，晉成公與楚莊王爭奪霸權，在扈邑會見諸侯。後與楚國交戰，打敗了楚軍。這一年，晉成公逝世。

董狐：春秋晉國太史，亦稱史狐。周大史辛有的後裔，因董督典籍，故姓董氏。據說今翼城縣東50里的良狐村，即其故鄉。董狐秉筆直書的事蹟，實開中國史學直筆傳統的先河。這一傳統為後代進步史學家弘揚發展，編著出許多堪稱信史的著作，是中國史著中的精華。

正卿大夫：春秋時部分諸侯國的執政大臣兼軍事最高指揮官，兼軍政於一身。由於正卿為要職，終身執掌一國之命

脈,權臣代替國君發號施令,容易造成君權下移於卿大夫之手。結黨、擅權、廢立、弒主、叛國之事時有發生。

丞相:也稱宰相,官名,是中國古代最高行政長官的通稱。是中國古代皇帝的股肱,典領百官,輔佐皇帝治理國政,無所不統。丞相制度,起源於戰國。秦國自秦武王開始,設左丞相、右丞相,但有時也設相邦。

莒國:中國古國名,位於山東,商朝時為姑幕國,周朝為莒子國。中國歷史上春秋戰國時代的一個諸侯國,國君為己姓,建國於西元前1046年。莒國歷史悠久,歷代均有傑出文化藝術人才,創造並延續了燦爛的莒文化,與齊魯文化並稱「齊魯莒」文化,成為中國古文化的發源地之一。

晏嬰(西元前578年~西元前500年):字仲,謚平,又稱晏子,漢族,夷維人,即現在的山東高密。春秋後期一位重要的政治家、思想家、外交家。晏嬰是齊國上大夫晏弱之子。以生活節儉,謙恭下士著稱。他輔佐齊國三代國君長達50餘年。代表作品有《晏子春秋》。

太史:官名。三代為史官與曆官之宅,朝廷大臣。後職位漸低,秦稱太史令,漢屬太常,掌天文曆法。魏晉以後太史僅掌管推算曆法。至明清時期,修史之事由翰林院負責,又稱翰林為太史。中國史學歷來有「直筆」的傳統,太史在這

方面功不可沒。

周天子：周王朝君主，指的是掌管周朝、作為天下君主的人。例如周武王昌發，周平王姬宜臼。從東周時期開始，由於當時各諸侯國勢力發展壯大，周天子雖是各個諸侯國的共主，地位很高，卻沒有什麼實權，以致於出現春秋戰國時期諸侯爭霸的局面。

鄭莊公（西元前757年～西元前701年）：姬姓，鄭氏，名寤生，歷史上非常著名的政治家。他一生功業輝煌，在位期間，分別擊敗過周、虢、衛、蔡、陳聯軍及宋、陳、蔡、衛、魯等國聯軍。鄭莊公是一位有戰略眼光，精權謀、善外交的政治家。

魯隱公（？～西元前712年）：名息，魯國第十四代國君。是魯惠公的庶長子。其母聲子。惠公死時太子允還太小，於是隱公攝政，掌國君之位。孔子所作之《春秋》起於魯隱西元年即西元前722年。由於春秋以魯國國史為基礎而編，故當時的國際大事都是以魯國紀年來記錄的。魯隱公也因為其紀年年號常被提及而出名了。

春秋：中國歷史階段之一。關於這一時期的起訖，一種說法認為是西元前770年到西元前403年三家分晉。孔子的《春秋》中記載的時間跨度與構成一個歷史階段的春秋時代大

最古文獻──儒家五經

致相當,所以後人就將這一歷史階段稱為春秋時期,基本上是東周的前半期。

先秦:中國歷史學名詞。指秦朝以前的歷史時代,起自遠古人類產生時期,至西元前221年秦始皇統一天下為止。在長達1,800多年的歷史中,中華民族的祖先創造了光輝燦爛的歷史文明,其中夏商時期的甲骨文、殷商的青銅器、春秋戰國時期文化學術的繁榮等,都是人類文明的歷史象徵。

【閱讀連結】

天開人文,魯興春秋。春秋時期,泱泱大國就出現在歷史舞臺上了,人們開始有了禮,懂得了仁愛,大智大勇的智慧開始出現。它是中國歷史上人文時代的開端,也是儒家文化的先聲。《春秋》正好記載了這個時代人性的具體表現以及發展歷程。

儒家創始人孔子的《春秋》對後世最大的影響就是被人們稱讚的春秋筆法。《春秋》最大的特點就是每用一個字,都是入木三分,有褒貶含義。後世很多的人在寫作的時候,學習春秋的寫作方法,用字用言,字字珠璣。

史學寶典 —— 春秋三傳

《春秋》經文言簡義深,如無注釋,則無法了解。為了更好地說明《春秋》的綱目,孔子的好友左丘明便用大量具體史實著《左氏春秋》以補原書之不足,簡稱《左傳》。孔子去世後,其弟子各以所聞輾轉傳授,逐漸形成不同的《春秋》師說,由孔子弟子子夏傳給學生公羊高的形成《公羊說》,傳給穀梁赤的形成《穀梁傳》。

上述三部傳述補充並豐富了《春秋》的內容,是研究先秦歷史和春秋時期歷史的重要文獻,對後世的史學產生了很大影響。

最早編年體史書《左傳》

春秋時期，至聖先師孔子依據魯史修撰了一部史書《春秋》，記載各諸侯國重大歷史事件，宣揚王道思想。

孔子作《春秋》時，他曾與好友魯國史官左丘明一起參觀魯國的史記，然後講給弟子。但他的弟子們後來所言互異。

左丘明唯恐孔門弟子各安其意，以失其實，同時也為了更好地說明《春秋》的綱目，他便用大量具體史實著《左氏春秋》，以補《春秋》原書之不足，簡稱《左傳》，證明孔子不以空言說經。

左丘明是西周王朝開國元勛姜太公的子孫，西周建國之初，西周太傅周公分封諸侯，姜太公因滅商有功被封於齊，都於營丘。姜太公去世後，嫡長子丁公繼位，小兒子印依營丘居住，改姓為丘。

後來，周王室發生宮廷之爭，丘的後人婁嘉為逃避災難，全家到了楚國，出任楚國的左史官。那時候，職業往往是父死子繼，所以古人常以所任官職為姓。婁嘉及其後人世代擔任楚國的左史官，便改丘姓為左，長期在楚國定居下來。

婁嘉的十二代孫倚相,史稱「左史倚相」,是春秋時期傑出的史官,在楚國政治地位較高。倚相的兒子成,任左史時楚國發生爭奪君權的內亂。為躲避內亂,成投奔到魯國,做了魯國的太史。後來,左丘明襲父親官職為魯國的太史官。

魯國是周公的封地,周公制禮作樂,魯國保存了西周的多種禮樂制度和文獻,所以魯國一向有「禮樂之邦」的美稱。西周滅亡後,周室文化在西方蕩然無存,卻在東方的魯國保留得相當完整。

當時魯國的各種文獻和檔案資料,屬於太史職掌收藏,左丘明既然為魯國的太史,自然也就掌握了春秋時期中原最豐富的文獻資源。

左丘明博覽天文、地理、文學、歷史等大量古籍,學識淵博。在任魯國左史官時,他盡職盡責,德才兼備,為時人所崇拜。

左丘明很重視禮的作用,也認為禮既是治理國家、安定社會、造福人民的依據和手段,也是「君子」必須遵行的規範;作為一個君子,首先要把禮和義放在最重要的地位,他說:

君子動則思禮,行則思義,不為利回,不為義疚。

左丘明認為,思考問題就要想到禮,做事就要考慮到義,不為利而喪失意志,不為義而感到內疚。展現禮的眾多

禮節也要和義結合，對失禮行為持堅決批評的態度。

由於受重禮思想的影響，左丘明特別重視個人的品德修養，這些修養包括忠、孝、信、義、讓等，他認為忠是一個人最美好的品德，忠的首要涵義是忠於國君。

春秋時期，衛國衛莊公的愛妾生了個兒子叫州吁。州吁整天只喜歡舞刀弄槍，不務正業。大夫石碏也有個兒子，叫石厚，石厚與州吁關係很好。衛莊公死後，公子完繼位為衛桓公。此時石碏因年邁，又不滿州吁的行為，便告老還鄉。

一天，衛桓公要到洛邑去見周王，州吁和石厚便藉送行之機殺死衛桓公，奪取了王位。可是他們不得人心，於是商量找石碏幫忙，以安撫民心。

石碏告訴前來求助的兒子說：「你們只要去請陳恆公幫你們在周王面前說說，得到周王的同意就好了。」石碏卻暗中寫信密告陳恆公，請他幫助逮捕弒君的凶手。

石厚和州吁一到陳國就被抓起來了。陳國國君派人去問石碏怎麼處置這兩個凶手。石碏說：「這小子不忠不孝，留他有什麼用？」於是陳王叫人把他們殺了。

衛大夫石碏大義滅親，他將參與叛亂的兒子正法，左丘明給予高度評價，稱其為「純臣」。

對此，左丘明認為：「作為君子，除了對君王要忠，對

父母要孝外，還要做到信。因為信是君子的一個道德標準，它不僅表現在個人品德上，還展現在國家之間，如果國家之間的結盟不是建立在信的基礎上，即使結盟也沒有任何意義。另外，君子還要從善不從惡，知道善不可以丟、惡不可以長，做到從善如流。對於那些踐踏忠孝信義、品行惡劣的人，左丘明表示深惡痛絕。」

左丘明還認為國君也必須注重品德修養：國君要治理好國家，首先自己要賢明，做到秉正無私、心胸博大、知人善任；治理國家，還必須把德政和刑罰結合起來，用德政來治理百姓、用刑罰來糾正邪惡，這樣百姓才能安居樂業、邪惡才能消除。

西元前630年，晉文公和秦穆公聯合圍攻鄭國，晉軍駐紮在函陵，秦軍駐紮在氾水的南面。

大夫佚之狐對鄭文公說：「鄭國處於危險之中了！假如讓智勇雙全的燭之武去見秦穆公，秦國的軍隊一定會撤退。」鄭文公同意了。

燭之武卻推辭說：「我年輕時，尚且不如別人；現在老了，也不能有什麼作為了。」

鄭文公說：「我早先沒有重用您，現在危急之中求您，這是我的過錯。然而鄭國滅亡了，對您也不利啊！」

燭之武就答應了這件事。這天夜晚,有人用繩子將燭之武從城上放下去。

　　燭之武見到了秦穆公說:「秦、晉兩國圍攻鄭國,鄭國已經知道要滅亡了。假如滅掉鄭國對您有好處,怎敢冒昧地拿這件事情來麻煩您。越過鄰國把遠方的鄭國作為秦國的東部邊邑,您知道這是困難的,您為什麼要滅掉鄭國而給鄰國增加土地呢?鄰國的勢力雄厚了,您秦國的勢力也就相對削弱了。如果您放棄圍攻鄭國而把它當作東方道路上接待過客的主人,出使的人來來往往,鄭國可以隨時供給他們缺少的東西,對您也沒有什麼害處。而且您曾經給予晉惠公恩惠,惠公曾經答應給您焦、瑕兩座城池。然而惠公早上渡過黃河回國,晚上就修築防禦工事,這是您知道的。晉國,怎麼會滿足呢?現在它已經在東邊使鄭國成為它的邊境,又想要向西擴大邊界。如果不使秦國土地虧損,將從哪裡得到他所奢求的土地呢?削弱秦國對晉國有利,希望您考慮這件事!」

　　秦穆公認為燭之武說的非常有道理,他便與鄭國簽訂了盟約,派遣大將杞子、逢孫、楊孫戍守鄭國,於是秦國就撤軍了。

　　晉公大臣子犯見秦國撤軍,他請求晉文公趁機襲擊秦軍。晉文公說:「不行!假如沒有秦國的協助,我是不敢來侵犯鄭國的,依靠別人的力量而又反過來損害他,這是不仁

最早編年體史書《左傳》

義的;失掉自己的同盟者,這是不明智的;用散亂的局面代替整齊的局面,這是不符合武德的。我們還是回去吧!」於是,晉軍也就離開了鄭國。

左丘明認為在軍事上也同樣要重視德和義的作用:主張戰前必須做好充分的準備,否則就不要出師。這些準備包括:度德,即考慮自己的德能否爭取到民眾的擁護;量力,即正確評估敵我力量的對比;親親,即努力團結自己的親人,以得到最大限度的支持;征辭,即要有開戰的充足理由;察有罪,即考察有罪過的征伐目標。除了第二條「量力」之外,其餘四條都與德義有關。

西元前 479 年,年事已高的左丘明眼睛出了毛病,不得不辭官回鄉。左丘明辭官還鄉後,建立了左史書舍,開始編纂《左傳》。左丘明纂修《左傳》的時候已經徹底失明了。但強烈的歷史使命感使他振作起來,為了全面反映當時的社會歷史面貌,左丘明日夜操勞,歷時 30 餘年,終於把一部縱貫 200 餘年、18 萬餘字共 35 卷的《春秋左氏傳》定稿。

《左傳》全稱《春秋左氏傳》,原名《左氏春秋》,漢代時又名《春秋左氏》、《左氏》。漢朝以後才多稱《左傳》,是為《春秋》作注解的一部史書,與《春秋公羊傳》、《春秋穀梁傳》合稱「春秋三傳」。

《左傳》記事相當詳細，對歷史事件一般都能做到首尾完整。此外，《左傳》還吸收了其他史書體裁的長處，把其他史書的史料按年代順序組織進去，使編年體史書達到基本成熟的程度。所以，《左傳》是中國第一部真正名符其實敘事詳盡的編年體歷史著作。不僅如此，在歷史編纂上，《左傳》還擴大了編年體史書的空間。

還有，在編年記事整體格局中，《左傳》富於變化，有時著意寫一件史事的本末原委，有時集中寫一位歷史人物的經歷和活動。這不僅拓展了編年體史書在寫人、記事方面的空間，而且有助於彌補一件史事被相關年代中其他史事割裂的缺點。

另外在編纂學上，《左傳》首創「君子曰」一欄，不同版本的《左傳》，「君子曰」以議論形式昇華史事，為史書作者發表一家之言提供了園地，成為一種優良的史學傳統。

《左傳》補充並豐富了《春秋》的內容，不但記魯國一國的史實，而且還兼記各國歷史；不但記政治大事，還廣泛涉及社會各個領域的「小事」；一改《春秋》流水帳式的紀史方法，代之以有系統、有組織的史書編纂方法；不但記春秋時史實，而且引證了許多古代史實。

《左傳》取材於王室檔案、魯史策書、諸侯國史等，是研

最早編年體史書《左傳》

究先秦歷史和春秋時期歷史的重要文獻，它代表了先秦史學的最高成就，對後世的史學產生了很大影響，特別是對確立編年體史書的地位發揮很大作用。

《左傳》對後世的影響首先展現在歷史學方面。它不僅發展了《春秋》的編年體，並引錄保存了當時流行的一部分應用文，給後世應用寫作的發展提供了借鑑。僅據宋朝吏部侍郎陳騤在《文則》中列舉，就有命、誓、盟、禱、諫、讓、書、對等8種之多，實際還遠不只此，後人認為檄文也源於《左傳》。並且，本書在中國的文學界也有極高的藝術價值，對史學也有巨大的貢獻！

《左傳》有鮮明的政治與道德傾向。其觀念較接近於儒家，強調等級秩序與宗法倫理，重視長幼尊卑之別，同時也表現出「民本」思想，因此也是研究先秦儒家思想的重要歷史資料。

《左傳》本不是儒家經典，但自從它立於學官，後來又附在《春秋》之後，就逐漸被儒者當成經典。《左傳》在史學中的地位被評論為繼《尚書》、《春秋》之後，開《史記》、《漢書》之先河的重要典籍。

《左傳》雖不是文學著作，但從廣義上看，仍可說是中國第一部大規模的敘事性作品。比較以前任何一種著作，它的

敘事能力表現出驚人的發展。許多頭緒紛雜、變化多端的歷史大事件，都能處理得有條不紊，繁而不亂。其中關於戰爭的描寫，尤其出色。

《左傳》善於將每一戰役都放在大國爭霸的背景下展開，對於戰爭的遠因近因，各國關係的組合變化，戰前策劃，交鋒過程，戰爭影響，以簡練而不乏文采的文筆寫出，且行文精練、嚴密而有力。

這種敘事能力，無論對後來的歷史著作還是文學著作，都是具有極重要意義的。另外，《左傳》注重故事的生動有趣，常常以較為細緻生動的情節，表現人物的形象。《左傳》對後世的《戰國策》、《史記》的寫作風格產生很大影響，形成文史結合的傳統之一。

【旁注】

太傅：中國古代職官。起始於春秋時期的晉國，為國王的輔佐大臣與皇帝老師，掌管禮法的制定和頒行，「三公」之一；在戰國時期的齊國和楚國也設有太傅。秦朝時期被廢止。西漢曾兩度短暫復置該職位；東漢則長期設立。以後各朝代都有設置，但多為虛銜。

楚：又稱荊、荊楚，中國歷史上春秋戰國時代的一個諸

侯國。楚國國君羋姓熊氏。最早興起於丹江流域的丹水和淅水交匯的淅川一帶。在浩瀚歷史長河中，楚國先人用自己的勤勞與智慧創造出了無數令世人矚目的燦爛楚文化，是中國傳統文化的重要組成部分。

左丘明（西元前556年～西元前451年）：姓丘，名明。是春秋末期魯國人。相傳他曾經做過魯國的史官，是中國古代偉大的史學家、文學家、思想家、軍事家。他晚年雙目失明，著有《左氏春秋》和《國語》，對後來文學歷史等方面影響巨大。

君子：古代指地位高的人，後來指人格高尚、道德品行兼好之人。在中國「諸子百家」中，儒家，尤其是孔子對君子極為重視。在人格塑造的理想中，雖然儒家有聖人、賢人，道家有真人、神人，其境界高於君子，但世間完人不多，所以君子備受推崇。

衛莊公：春秋時期衛國第12代君主，姓姬，名揚，西元前757年到西元前735年在位。其夫人莊姜相貌美麗卻沒有生子。莊姜以戴媯之子衛桓公為己子，故衛莊公立桓公為太子，但是不聽石碏勸，過份縱容州吁，導致了後來的州吁弒衛桓公之亂。

陳國：中國歷史上西周至春秋時代的一個諸侯國，國君

媯姓,是帝舜的後代。陳國是春秋戰國時期中原列國的重要國家之一,其統治區域主要在豫東周口一帶,存國時間近千年。陳地原屬東夷文化。至周朝之後,與王室積極通婚,吸收並形成了具有地域特色的文化。

晉文公(《左傳》載西元前671年～西元前628年;《史記》載西元前697年～西元前628年):姬姓,名重耳。他是春秋時代第一強國的締造者,開創了晉國長達一個多世紀的中原霸權。文治武功,昭明後世,顯達千秋,與齊桓公並稱「齊桓晉文」,為後世儒家、法家等學派稱道。

秦穆公(?～西元前621年):一作秦繆公,嬴姓,趙氏,名任好。春秋時期秦國國君,在位39年。秦穆公非常重視人才,其任內獲得了百里奚、蹇叔、丕豹、公孫支等賢臣的輔佐,曾協助晉文公回到晉國奪取君位。在部分史料中被認定為「春秋五霸」之一。為四百年後秦統一天下奠定了基石。

鄭國:別名奠國,國君為姬姓,伯爵。春秋戰國時期重要諸侯國。立國432年,歷21君。第三代君主鄭莊公時最為強盛,號稱春秋小霸主,疆域約有今河南北半省之中部,鄭莊公之後諸公子爭位,國勢漸弱,兼之鄭國地處中原,四周皆有強鄰,發展受限,子產執政時曾一度中興。

鄭文公(?～西元前628年):姬姓,鄭氏,名踕,鄭厲

公之子,春秋時期鄭國第八位第十任國君,西元前672年至西元前628年在位。鄭文公在位期間,善於察言觀色,又常常出席大國主持的盟會,尋求「保護傘」,鄭國也因此躲過了一次次滅國危機。

晉惠公(?～西元前637年):姬姓,晉氏,名夷吾,春秋時代晉國君主,晉獻公之子,春秋霸主晉文公的弟弟。晉惠公在位期間,晉國在大國爭霸中無所作為。晉惠公的政治活動,主要是圍繞著國君的寶座,為取得和維護權力不顧一切。

諸侯:是中國古代朝廷政權所分封的各國國君的統稱。在其管轄區域內,世代掌握軍政大權,但按禮要服從帝王命令,定期要向帝王朝貢述職,並有出軍賦和服役的義務。漢代時諸侯國由皇帝派相或長吏治理,王、侯僅食賦稅。

編年體:是中國傳統史書的一種體裁。以時間為中心,按年、月、日編排史實,是編寫歷史最早也是最簡便的方法。比如春秋聖人孔子所著的《春秋》、宋代司馬光所著的《資治通鑑》等就是編年體史書。

燭之武:春秋時期鄭國人。西元前630年,秦、晉合兵圍鄭,燭之武前往秦營之中,向秦穆公陳說利害,終於使得秦穆公放棄了攻打鄭國的打算,拯救鄭國免於危難。燭之武

是一個智勇雙全的愛國義士,他運用智慧化解了鄭國的危難,名傳後世。

《文則》:是南宋陳騤潛心研究了「六經」諸子文章之後,寫成以歸納、總結「為文之法」為目的的一部重要著作。它是中國古代第一本修辭學論著,以其全面、深刻的論述奠定了古代修辭學的理論基礎。

《史記》:由西漢著名史學家司馬遷撰寫的中國第一部紀傳體通史,是「二十五史」的第一部,記載了中國從傳說中的黃帝到漢武帝後期長達 3,000 年左右的歷史,在中國文學和史學中都有非常重要的地位。魯迅稱它為「史家之絕唱,無韻之《離騷》」。

《戰國策》:是一部國別體史書,西漢末劉向編定為 33 篇,書名亦為劉向所擬定。主要記述了戰國時期縱橫家的政治主張和策略,展示了戰國時代的歷史特點和社會風貌。《戰國策》不僅是一部歷史著作,也是一部非常好的歷史散文。是研究戰國歷史的重要典籍。

【閱讀連結】

據《左傳》記載,有一次,楚國與吳國即將開戰,楚兵少而吳兵多。楚將子囊以為,照這樣打起來楚軍隊必敗,因此

他沒向楚王請示就下令退兵。到了國都城郊，子囊派人請求楚王賜死。楚王認為子囊退兵，是為國家社稷著想。子囊卻認為，對不戰而退兵之人應該處以死刑，於是拔劍自刎。楚王讚嘆子囊高義，殯葬時，將刑具放在子囊的三寸桐棺上，表示對子囊執行了死刑。

子囊在死後還不忘給國君增加好名聲，在自己將要死的時候還不忘保衛祖國，這就是忠。

闡釋微言大義的《公羊傳》

春秋時期，年事已高的孔子見自己的主張難以實施，與好朋友左丘明一起參觀完魯國的史記後，便依據魯史修撰了一部政治史《春秋》，以著作史書褒貶歷史的方法來寄託自己的政治理想和倫理觀念。

為了避免政治迫害，在作《春秋》時，孔子在屬辭比事上常常使用隱晦的語言，其微言大義，只口授給弟子，並不筆之於書。孔子去世後，弟子各以所聞輾轉傳授，於是逐漸形成不同的《春秋》師說。

由孔子弟子子夏傳給弟子公羊高的，稱為公羊傳。公羊高子孫繼續口耳相傳，一直到漢景帝時，由公羊高的玄孫公羊壽與弟子胡毋生開始合寫成書。

《公羊傳》也稱《春秋公羊傳》、《公羊春秋》，是專門解釋《春秋》的一部典籍，其起訖年代與《春秋》一致，即西元前722年至西元前481年，其釋史十分簡略，而著重以問答的方式闡釋《春秋》所謂的「微言大義」。

《公羊傳》約4萬多字，其中情節較為完整、算得上歷史

故事的有 30 多個。所記事實，有的與《左傳》大同小異，有的詳略不等，也有的為《左傳》所無。

西元前 589 年 6 月 17 日這天，齊國和晉國交戰。齊國一方是大夫邴夏為齊頃公趕車，大夫逢丑父當車右。晉軍一方是大將解張為主帥，正卿郤克趕車，勇士鄭丘緩當車右。

齊頃公說：「我姑且消滅了這些人再吃早飯。」然後，齊頃公不給馬披甲就衝向了晉軍。

郤克被箭射傷，血流到了鞋上，但是仍不停止擂鼓繼續指揮戰鬥。郤克邊擂鼓邊對身邊的解張說：「我受重傷了。」

解張說：「從一開始接戰，一支箭就射穿了我的手和肘，我把箭折斷了繼續駕車，左邊的車輪都被我的血染成了黑紅色，我都沒敢說受傷。您也忍著點吧！」

車右鄭丘緩聽到他倆的對話，說：「從接戰開始，遇到道路不平的地方，我必定冒著生命危險下去推車，你們了解這些嗎？」說著鄭丘緩扭頭看了郤克一眼，見郤克身上的傷口血流不止，又說，「不過，您真是受重傷了。」

解張說：「集中在我們手上的戰旗和鼓聲，是軍隊的耳朵和眼睛，前進後退都要聽從它。這輛車上還有一個人鎮守住它，戰事就可以成功。為什麼為了傷痛而敗壞國君的大事呢？身披盔甲，手執武器，本來就是去走向死亡，傷痛還沒

到死的地步,您還是盡力而為吧。」

解張一邊說,一邊用左手把右手的韁繩攬在一起,用空出的右手抓過郤克手中的鼓槌就擂起鼓來。馬飛快奔跑而不能停止,晉軍隊伍跟著指揮車衝上去,把齊軍打敗。晉軍隨即追趕齊軍,3次圍繞著華不注山奔跑。

晉國三軍司馬韓厥作戰之前夢見他去世的父親對他說:「明天早晨作戰時要避開戰車左邊和右邊的位置。」因此作戰時,韓厥站在戰車中間擔任趕車的,追趕齊頃公的戰車。

邴夏見韓厥很有威儀,像大將的模樣,就對弓箭手說:「射那個趕車的,他是個君子。」

齊頃公說:「稱他為君子卻又去射他,這不合於禮。」下令弓箭手不准射站在中間位置趕車的韓厥,於是,弓箭手只射車左和車右,車左和車右都中箭掉下了車。

晉軍的將軍綦毋張損壞了自己的戰車,跟在韓厥的車後說:「請允許我搭乘你的戰車。」他上車後,無論是站在車的左邊,還是站在車的右邊,韓厥都用肘推他,讓他站在自己身後。

往回撤時,逢丑父和齊頃公互相換了個位置。當他們乘坐的戰車將要到達華泉時,戰車的驂馬被樹木絆住不能繼續逃跑而停了下來。而車右逢丑父前一天夜裡睡在棧車時,有

一條蛇從他身體底下爬出來，他用小臂去打蛇，小臂受傷，但為了能當車右，逢丑父隱瞞了這件事。所以，當齊頃公的戰車被絆住時，由於逢丑父不能用臂推車前進，因而被韓厥追上了。

韓厥拿著拴馬繩走到齊頃公的馬前，兩次下拜並行稽首禮，捧著一杯酒並加上一塊玉璧給齊頃公送上去，說：「我們國君派我們這些臣下為魯、衛兩國求情，他說：『不要讓軍隊進入齊國的土地。』我很不幸，恰巧碰上了您的軍隊，沒有地方逃避和躲藏。而且我也害怕逃跑躲避而使兩國國君受辱。冒昧地向您稟告，我遲鈍不會辦事，只是人才缺乏充當了這個官職。」

冒充齊頃公的逢丑父命令齊頃公下車到華泉去取水。這時，齊國衛士鄭周父和宛茷駕著後備車趕到，把齊頃公拉上車就跑掉了，使齊頃公免於被俘。

韓厥把抓獲的逢丑父獻給郤克，郤克打算殺掉他，逢丑父說：「到現在為止還沒有代替自己國君受難的人，有一個在這裡，還要被殺死嗎？」

郤克說：「這個人敢獻出自己的生命使自己的國君免於禍患，我殺了他，不吉利。而赦免他，則可以用來勉勵侍奉國君的人。」

於是韓厥就赦免了逢丑父。《左傳》記載這件事時,只提到逢丑父與齊侯易位一句。《公羊傳》則詳寫逢丑父,原文是這樣寫的:

面目與頃公相似,衣服與頃公相似,代頃公當左,使頃公取飲。頃公操飲而至。曰:「革取清者。」頃公用是佚而不反。

還有,楚莊王圍攻宋國時,他的軍隊只剩下七天的口糧,吃完軍糧還不能取勝,就只好回去了。

於是,楚莊王派大夫司馬子反登上土堙,窺探宋國都城的情況。楚莊王見楚國大夫登上土堙,宋國大夫華元也登上土堙,他出來會見司馬子反。

司馬子反問:「你們的情況如何?」

華元說:「困苦不堪啊!」

司馬子反說:「困苦到什麼程度?」

華元說:「互相拆下房屋燒火做飯。」

司馬子反說:「天啊,這麼嚴重啊!我聽說,被圍困的軍隊,總是讓馬兒銜著木棍,不讓馬兒吃飽,只牽出肥馬給客人看,你為什麼這樣對我吐露真情呢?」

華元說:「我聽說君子看見別人困難就憐憫他們,小人看見別人危難就幸災樂禍。我看你是位君子,所以據實相告。」

闡釋微言大義的《公羊傳》

　　司馬子反說：「嗯，你們堅持防守吧！我們也只有七天的軍糧了，吃完軍糧如果還不能取勝的話，我們就會撤軍了。」說罷，向華元拱手告別。

　　司馬子反回去見楚莊王，莊王問：「敵情如何？」

　　司馬子反說：「很慘啊！拆下房屋燒火做飯。」

　　莊王說：「這麼嚴重啊！那麼，我就攻下宋城再回去。」

　　司馬子反說：「主公，這樣不行啊，我已經告訴對方，我軍只有七天的口糧了。」

　　莊王大怒：「我叫你去偵察敵情，你怎麼倒向對方洩露軍機？」

　　司馬子反說：「小小一個宋國，尚且有不肯騙人的大臣，難道我泱泱楚國就沒有嗎？因此我向對方說了實話。」

　　莊王覺得司馬子反說得有理，但又不肯放棄馬上到手的肥肉，想了想說：「嗯！你說了就說了吧！雖然軍糧不足，我還是要攻下宋城再回去。」

　　司馬子反說：「既然如此，就請主公住下好啦，我可要請求回去了。」

　　莊王說：「你丟下我回去，我還在這幹什麼呢？我也回去算了。」於是楚莊王帶領全軍退出宋國。因此君子就讚揚兩大夫主動講和。

《公羊傳》的體裁特點，是經傳合併，傳文逐句傳述《春秋》經文的大義，與《左傳》以記載史實為主不同。

《公羊傳》語言更加通俗、敘寫更為具體。這是由於《公羊傳》形成於戰國後期，著之竹帛乃在漢初，一個相當長的時間內，師生授受以口耳相傳為主。這樣就使之帶有口頭講述的特徵，甚至夾雜一些民間傳說的味道，而不同於《左傳》語言之簡勁峻潔，書面化，典雅化。

《公羊傳》是今文經學的重要經籍，歷代今文經學家時常用它作為議論政治的工具。同時它還是研究先秦至漢間儒家思想的重要資料。後世注釋《公羊傳》的書籍主要有東漢今文經學家何休撰《春秋公羊解詁》、唐朝今文經學家徐彥作《公羊傳疏》、清朝今文經學家陳立撰《公羊義疏》。

《公羊傳》寫定於漢初，係用漢代通行的隸字書寫，它是今文經學中富有理論色彩的代表性典籍。公羊學者認為，《春秋》是孔子藉春秋時期歷史事件以表示自己的政治觀點，處處包含「微言大義」。這同古文經學派認為《春秋》是一部歷史著作不同。

總括來說，《公羊傳》的歷史哲學具有政治性、變易性和可比附性三大特點，這在儒家經典中並不多見。

《公羊傳》的主要精神是宣揚儒家思想中撥亂反正、大義

闡釋微言大義的《公羊傳》

滅親,對亂臣賊子要無情鎮壓的一面,為強化中央專制集權和「大一統」服務。

《公羊傳》尤為今文經學派所推崇,是今文經學的重要典籍,歷代今文經學家都常用它作為議論政治的工具。它也是研究戰國、秦、漢間儒家思想的重要資料。

【旁注】

漢景帝(西元前188年～西元前141年):名劉啟,是漢文帝劉恆的長子。漢景帝劉啟在西漢歷史上占有重要地位,在位期間,他繼承和發展了其父漢文帝的事業,與父親一起開創了中國歷史上著名的「文景之治」;又為兒子劉徹的「漢武盛世」奠定了基礎,完成了從文帝到武帝的過渡。

齊頃公(?～西元前572年):姜姓,呂氏,名無野,齊惠公之子,他被晉軍追逼,差點被俘,幸得大臣逢丑父相救,二人互換衣服,佯命齊頃公到山腳華泉取水,得以逃走。後來齊國國勢趨衰。齊頃公變得低調內斂,周濟窮人,照顧鰥寡,頗得民心。

司馬:中國古代官名,殷商時代始置,位次「三公」,與「六卿」相當,與司徒、司空、司士、司寇並稱五官,掌軍政和軍賦,春秋、戰國沿置。漢武帝時置大司馬,作為大將軍

的加號，後亦加於驃騎將軍，後漢單獨設置，皆開府。隋唐以後為兵部《尚書》的別稱。

逢丑父：齊國大將，西元前589年，晉國與齊國發生了靡笄山之戰。齊將逢丑父在危急關頭為營救齊君而採用的李代桃僵之計，據禮巧辯，說服晉帥放掉他這一位對兩國利害無謂的被俘者。這一計策，改變齊國受災禍的性質，降低晉國取勝的意義。

齊國：起源於中國先秦時期的齊國。到戰國末年，隨著民族融合和人文同化，文化也逐漸融合為一體。西元前221年齊國為秦國所滅。因為文化的一體，而形成一個文化圈，也成為了山東的代稱。

《公羊傳》：戰國時的齊國人。相傳是春秋時期著名學者子夏的弟子。他所著《春秋公羊傳》最初僅有口說流傳，在西漢景帝時，傳至玄孫公羊壽時，才把這本書寫在了竹簡之上，開始流傳於世。《春秋公羊傳》是古代經學的重要典籍，在中國儒教書籍中有著很重要的地位。

楚莊王：又稱荊莊王，姓芈，熊氏，名侶，諡號莊。楚穆王之子，春秋時期楚國最有成就的君主，春秋五霸之一。莊王之前，楚國一直被排除在中原文化之外，自莊王稱霸中原，不僅使楚國強大，威名遠揚，也為華夏的統一，民族精

神的形成發揮了一定的作用。後世對其多給予較高評價，他對後世有深遠的影響。

今文經學：指漢初由老儒背誦，口耳相傳的經文與解釋，由弟子用當時的隸書記錄下來的經典，是中國古代儒學重要流派。今文經學家的理論提供了讖緯之術的發展空間，讖緯之術後來保留在道教傳統中，以各種不同形式持續地影響著中國此後的政治、思想和民間信仰。

隸字：是繼篆書以後的新興書體。隸書承篆書遺脈，下開楷書之源，無論從應用文字或書法藝術方面看，隸書的出現都是一個重要的轉折。就中國文字和書法發展來看，隸書是一大變革階段，甚至說今日乃至將來一段時期全是隸書的時代也不為過。

大一統：中國古代的一種思想。早在春秋時期孔子心中的理想帝王就應握有一統天下的權威。還有道家、法家等各派思想中都潛藏著大一統的身影。

古文經學派：相當於今义經學派而言。指用秦始皇統一中國以前的儒家經書。古文經學是用大篆寫定的儒經，而且後來傳授這種儒經的儒師們對同一種書、同一經文所持見解與今文經學派有所不同。儒生所整理、釋義的儒家著作，成為後世儒家經典。

【閱讀連結】

　　《春秋公羊傳》的「三世說」認為：「所傳聞世」是「據亂世，內其國外其夏」；「所聞世」是「升平世，內諸夏外夷狄」；「所見世」是「太平世，夷狄進至於爵，天下遠近大小若一」。按照今文公羊家的闡發，《春秋》之「義」的重要內容之一是「張三世」，即孔子將春秋時期的歷史，劃分成了「據亂世」、「升平世」、「太平世」。

　　今文家的這種認知有兩點值得注意：一是他們所「描述」的歷史運動，並不符合史實卻符合「理想」。從春秋「本然」的歷史來看，「三世說」的誣陷顯而易見。

強調禮樂教化的《穀梁傳》

西元前590年，晉景公派出大夫郤克出使齊國，想聯合齊國一起攻打楚國。郤克到齊國後，發現同時來齊國的使者還有魯國上卿季孫行父、衛國上卿孫良夫和曹國公子姬首。

這四國的使者都有點生理缺陷：郤克是獨眼，季孫行父是禿頂，孫良夫是跛腳，姬首是駝背。

齊頃公是個孝子，他想藉機讓母親蕭同叔子開開心，於是做了一番精心安排。他安排給郤克駕車的是一個「獨眼龍」；給季孫行夫駕車的是個「禿子」；孫良夫的馭手是「瘸子」；公子姬首的馭手是「羅鍋」。

齊頃公宴請四國使者前，事先安排母親隱藏於後院「崇臺」上帷幕後面。當4位使臣經過臺下入席時，忽然聽到臺後爆發出一陣女人的哄笑。

這4位使者在其國內都是「一人之下，萬人之上」的人物，受此戲辱，豈能善罷甘休！

兩年後，郤克親率800輛戰車與魯、衛、曹組成的「四國聯軍」攜怒而來，討伐齊國。在交戰中，齊師大潰敗，齊

頃公險些當了俘虜。

戰勝的晉國在和解條件中，還特別提出一條：必以蕭同叔子為質。

拿齊國的「國母」作為人質，這是齊國絕不能接受的，為此齊國表示要舉國「決戰到底」，晉國才放棄此項要求。

討齊之戰後的第二年十二月，齊頃公到晉國行朝聘禮，將要舉行授玉禮節時，晉國執政郤克還記得被齊頃公母親嘲笑的事，快步進入說：「您是為了女人的戲笑而受到羞辱，所以寡君不敢當授玉之禮。」

晉獻公想要討伐虢國，大夫荀息說：「君主為什麼不用北屈出產的馬，垂棘出產的璧，向虞國借路呢？」

晉獻公說：「這是晉的國寶，如果收了我的禮物而不借路給我，那又拿他怎麼辦？」

荀息說：「這些東西是小國用來獻給大國的。他不借路給我們，一定不敢接受我們的禮物。如收了我們的禮而借路給我們，那就是我們從裡面的倉庫裡拿出來，而藏在外面的倉庫裡，從裡面的馬房裡拿出來，而放在外面的馬房裡。」

晉獻公說：「虞國大夫宮之奇在，他一定會阻止這件事。」

荀息說：「宮之奇的為人，心裡明白，可是怯懦，又比虞國國君大不了幾歲。心裡明白，話就說得簡短，怯懦就不能

強調禮樂教化的《穀梁傳》

拚命諫阻，比虞君大不了幾歲，虞君就不尊重他。再加上珍玩心愛的東西就在耳目之前，而災禍在一個國家之後，這一點要有中等智力以上的人才能考慮到。臣料想虞君是中等智力以下的人。」

於是，晉獻公就帶著寶馬、玉璧等禮物向虞國借路征伐虢國。

虞國大夫宮之奇勸諫國君虞公說：「晉國的使者言辭謙卑而禮物隆重，一定對虞國沒有好處。」

虞公不聽，就接受了晉國的禮物而借路給晉國。

大夫宮之奇說：「俗語說：『唇亡齒寒。』豈不就說的這件事嗎！」於是，宮之奇便帶領自己的老婆孩子投奔到曹國去了。

晉獻公滅了虢國，5年以後，果然占領了虞國。荀息牽著馬，帶著玉璧，走上前來對晉獻公說：「璧還是原來的璧，只是馬的牙齒增加了。」

以上這兩個故事都記錄在《穀梁傳》中。那時候有個叫穀梁赤的人，穀梁赤將他知道的《春秋》經文的內容大義給記錄下來，並編撰成書，取名為《穀梁傳》。

由於《春秋》言辭隱晦，表述過於簡約。為了更好地表現《春秋》經文的內容大義，很多學者為其注文詮釋，以補原書

之不足。比如《春秋》裡記載：「虞師、晉師滅夏陽。」這個表述過於簡約。為了更好地表現這段經文的內容大義，孔子弟子子夏就給學生講敘說，夏陽不是國家，但《春秋》裡記為「滅」，是重視夏陽這個地方。

《穀梁傳》是《穀梁春秋》、《春秋穀梁傳》的簡稱。《春秋穀梁傳》為儒家經典之一，其與《左傳》、《公羊傳》同為解說《春秋》的三傳之一。

《穀梁傳》以語錄體和對話文體為主，用這種方式來注解《春秋》，它是研究儒家思想從戰國時期到漢朝演變的重要文獻。

《穀梁傳》所記載的時間起於西元前 772 年，終於西元前 481 年，體裁上與《公羊傳》相似。《公羊傳》著重闡釋《春秋》的微言大義，強調尊王攘夷、大一統的思想，與現實政治配合較密切；《穀梁傳》則主要以文義闡發《春秋》經文，較為謹慎，認為應該信以傳信，疑以傳疑，主張貴義而不貴惠，通道而不信邪，成人之美而不成人之惡。因此宋代的《春秋》學家胡安國曾說：

> 其事莫備於《左傳》，例莫明於《公羊》，義莫精於《穀梁》。

在敘事上，《左傳》最簡潔，只記錄有這件事發生，《公羊傳》則詳細介紹這個事情發生的原委，而《穀梁傳》則略去

強調禮樂教化的《穀梁傳》

事件發生的原因,專門詳敘事件細節。

《穀梁傳》起初也為口頭傳授,至西漢時才成書。《穀梁傳》最初與《春秋》也是「別本單行」的,到了晉代經學家范甯作集解時,就把經傳合為一書。

後來,唐代經學家楊士勛又進一步為之作疏,稱《春秋穀梁傳注疏》,共20卷。清代也有好幾家為《穀梁傳》作注。較通行的本子是清代經學家阮元的《十三經注疏》。

和《公羊傳》相比較,《穀梁傳》的一個突出特點是它強調禮樂教化,力主仁德之治。從重民的思想出發,《穀梁傳》力主仁德之治。它明確指出,「民者,君之本也」,認為那些昏君暴主敗亡出奔,「民如釋重負」。對那些愛護百姓,在志民生的聖主明君,《春秋穀梁傳》認為《春秋》是予以褒美的。

《穀梁傳》著重宣揚儒家思想,注重禮義教化和宗法情誼,為緩和內部矛盾,穩定封建統治的長遠利益服務,因而也受到統治階級的極大重視。它是我們研究秦漢間及西漢初年儒家思想的重要資料。

《穀梁傳》解釋《春秋》的用辭和書法,展現出一種準確、凝練的文風。例如,《穀梁傳》莊公七年,對經文「夏,四月,辛卯,昔,恆星不見」,有細緻的解釋,反映了中國史學史上的好傳統。

《穀梁傳》對於史學發展的意義,更重要的是在歷史思想方面產生的影響。《穀梁傳》主張「著以傳著,疑以傳疑」,指出史家應遵從忠實記載史實的原則,並能夠將這一原則貫徹到自己的著作之中。

【旁注】

晉景公(?～西元前581年):姬姓名獳,一名據,是中國春秋時代諸侯國晉國的一位君主。為晉文公之孫、晉成公之子。晉景公曾被楚國打敗,使楚莊王成為霸主,不過晉景公亦曾攻敗齊國。晉景公在晚年將國都由絳遷往新田,並改稱新絳。之後又發兵消除專政的趙氏家族,取得了公室對卿族的第一次勝利。

郤克(?～西元前587年):即郤獻子,春秋中期晉國正卿,軍事家,身殘志壯的元帥,冀芮嫡孫,冀缺嫡子,生於世卿之家,而長於阡陌之間。與趙朔、欒書為至交,是當時著名的將領。郤獻子對敵雖刻,對內則緩,其博聞多能、惠而內德、智能翼君,有趙衰、范會之風。

晉獻公(?～西元前651年):姬姓,晉氏,名詭諸。春秋時期的晉國君主。即位後用士蔿之計,盡滅曲沃桓公、莊伯子孫,鞏固君位。奉行尊王政策,提升聲望。攻滅驪戎、

耿、霍、魏等國,擊敗狄戎,復採納荀息假道伐虢之計,消滅強敵虞、虢,史稱其「並國十七,服國三十八」。

虢國:是西周初期的重要諸侯封國。周武王滅商後,周文王的兩個弟弟分別被封為虢國國君,虢仲封東虢,即今河南滎陽縣西氾水鎮。虢叔封西虢,位於今陝西寶雞市東。西虢國後隨周平王東遷至今河南陝縣東南。東虢國於西元前767年被鄭國所滅。

虞國:春秋戰國時期諸侯國,位於山西晉南。都城遺址坐落在中條山脈最低平開闊之處的古城村。因為吳國也叫做虞國,所以這個虞國叫做北虞。也有人認為,虞國是陝西省隴縣地區西周時期矢國的後代。西元前655年被晉國所滅。

曹國:西周至春秋戰國時期的一個諸侯國,國君為姬姓、伯爵。始封君是周文王之子、周武王之弟曹叔振鐸,建都陶丘,轄地大致為今天的山東定陶附近。春秋晚期,曹伯陽干預宋國政務,導致宋景公伐曹,虜殺曹伯陽,曹國滅亡。共歷26世,555年。

夏陽:中國古代地名,位於現在的陝西韓城市。本西周梁國,春秋時滅於秦,稱少梁邑。後屬晉。戰國屬魏,魏文侯築城於此。屢為秦魏戰地。後又入秦。西元前327年改名夏陽。

胡安國（西元1074年～西元1138年）：南宋時期著名經學家和湖湘學派的創始人之一，字康侯，號青山，學者稱武夷先生，後世稱胡文定公。其治學理念上承「二程」，下接謝良佐、楊時、游酢，在理學發展史上居於承上啟下的地位。他以心為本、心與理一的思想對後學產生了重要影響。

阮元（西元1764年～西元1849年）：揚州儀徵人，字伯元，號雲臺、雷塘庵主，晚號怡性老人，諡號「文達」，清代嘉慶、道光間名臣。他是著作家、刊刻家、思想家，在經史、數學、天算、輿地、編纂、金石、校勘等方面都有著非常高的造詣，被尊為一代文宗。

【閱讀連結】

南宋《春秋》學家胡安國，以其《時政論》、《治國論》、《春秋傳》奠定了將心性之學與經世致用相結合的「湘派」學風。其子胡宏傳此學風於張木式，張木式湘中門人眾多，對湘潭乃至湖南的人文教化和道德風尚有深遠影響。

胡安國父子及他們的門生湖湘文化對中國近代的影響是巨大的，對於造就湖南近世英才並推動中國歷史發展有著不容置疑的推動作用。以修身養性，經世我用為典型特徵的湖湘文化，是由胡安國父子創立，由他們的門生繼承且發揚光大的，他們是湖湘文化的鼻祖。

倫理綱常 —— 儒學著作

　　儒家倫理學說主要是關於「士」的修身方面的道德規範和從政方面的治國原則。早期儒家對倫理及其功能予以更有現實意義的關注，因而產生了《周禮》、《儀禮》、《孝經》這樣的儒家倫理著作。

　　《周禮》的立意並非要實錄某朝某代的典制，而是要為千秋萬世立法則，全書的謀篇布局，無不受此左右。《儀禮》中記載的一套禮儀，帶有極其明顯的階級烙印。《孝經》則首次將儒家倫理思想中的孝親與忠君連繫起來，並認為行孝具有一定的社會功能。

倫理綱常─儒學著作

以人法天綱領的《周禮》

那是在中國西周初年，出現了中國歷史上的一位著名的聖人周公旦，他是周文王的次子，周武王的弟弟。周公旦很有仁德，在當時享譽九州，百姓們都很信服他。

後來，周武王駕崩了，新繼承的周成王還在襁褓中，根本無法管理國家。周公旦擔心天下沒人管會出現禍亂，他就登上天子位代替周成王掌政了。後來，有人在國都散布謠言說：周公旦將要對周成王不利了，他想自己做天子！

周公旦知道後，他便召集百官和百姓們，他說：「我之所以不避嫌代理朝政，就是因為我哥哥早逝，我的姪兒年幼，我擔心天下會出現戰亂，那我將無法回報我的哥哥和父親了。」

於是，人們便不再理會那些讒言蜚語，周公旦得到了百官和百姓們的信任。周公旦繼續代替周成王，幫助他管理天下。

沒多久，周成王得了重病，病情不斷加重，很快就奄奄一息了。周公旦知道後非常著急，他來到黃河邊，剪掉自己

的指甲沉到黃河中,祈禱神靈保佑年幼的周天子早日康復。

周公旦祈禱河神說:「我的姪兒年幼還不懂事,觸犯神命的人是我周公旦啊!請天神降罪於我,千萬不要傷及我的小姪兒!」

周公旦將祈禱冊文封好,他又創造了一種禮樂舞蹈,他率領百官們載歌載舞,以此來娛樂神靈。果然,沒多久,周成王的病就痊癒了。

後來,周成王長大了,周公旦就將政權交還給周成王,從此,他嚴謹地服侍周成王,為他出謀劃策。後來,有人在周成王面前誣告周公旦,周公旦就逃到了楚國避難。

沒過幾天,周成王聽說了自己年幼時,周公旦創作的禮樂為天神娛樂,並祈禱自己的重病痊癒的事情,他又見到了周公旦祈禱河神的書冊。周成王責問史官說:「為什麼我不知道這件事呢?」

史官們回答:「這件事是千真萬確的,當年周公旦命令我們不要說出去,我們才嚴守這個祕密的!」

周成王這才知道了周公的一片義膽忠心,他感動地哭了起來,他哭道:「從此以後,都不會再有這麼虔誠的舞蹈和禮儀了!這都是我的過錯啊!」

周成王知道自己誤會了周公旦,他便馬上派人去楚國請

倫理綱常—儒學著作

周公旦回來。周成王命令百官將周公旦創作的禮樂和舞蹈演化成一種禮儀。

周公旦在當時不僅是卓越的政治家、軍事家，而且還是個多才多藝的詩人、學者。後來，周公旦又對原來創作的禮樂多加編寫，最終形成了中國周代有名的經典《周禮》。

這時，周公旦的兄弟管叔、蔡叔和霍叔等人勾結商紂王之子武庚和東方夷族徐、奄等部落反叛。他又奉命出師，3年後平叛，並將國家勢力擴展至東海。後建成周洛邑，作為東都。相傳周公旦制禮作樂，建立典章制度。其言論見於《尚書》諸篇。

《周禮》是儒家經典，今從其思想內容來分析，則說明儒家思想發展到戰國後期，融合道家、法家、陰陽家等家思想，而到孔子時已經發生了極大變化。

中國古代的禮樂文明，禮樂文化，不能不提到《周禮》、《儀禮》和《禮記》，即通常所說的「三禮」。三禮是古代禮樂文化的理論形態，對禮法、禮義作了最權威的記載和解釋，對歷代禮制的影響最為深遠。

《周禮》是以人法天的理想國綱領。戰國時期，陰陽五行思想勃興，學術界盛行以人法天之風，講求人與自然的連繫，主張社會組織仿效自然法則，因而有「人法地，地法

以人法天綱領的《周禮》

天，天法道，道法自然」之說。《周禮》作者正是「以人法天」思想的積極奉行者。

到西漢景帝、漢武帝之際，河間獻王劉德從民間徵得一批古書，其中一部名為《周官》。當時的原書有天官、地官、春官、夏官、秋官、冬官等 6 篇，冬官篇已亡，當時的儒生取性質與之相似的《考工記》補其缺。

新朝王莽時，因為劉歆奏請，《周官》被列入學官，並更名為《周禮》。東漢末，經學大師鄭玄為《周禮》作了出色的注。由於鄭玄的崇高學術聲望，《周禮》一躍而居「三禮」之首，成為儒家經典。

《周禮》以〈天官〉、〈地官〉、〈春官〉、〈夏官〉、〈秋官〉、〈冬官〉等 6 篇為間架。其中的天、地、春、夏、秋、冬即天地四方六合，就是古人所說的宇宙。

《周禮》中有六卿，每卿統領 60 個官職。所以，六卿總數為 360 個官職。而「三百六十」這個數正是周天的度數。

在儒家的傳統理念中，陰陽是最基本的一對哲學範疇，天下萬物，非陰即陽。《周禮》作者將這一本屬於思想領域的概念，充分運用到了政治機制的層面。

事實上，五行思想在戰國時期就已經盛行，當時的人們認為，陰、陽二氣相互摩盪，產生金、木、水、火、土五行。世

倫理綱常—儒學著作

間萬事萬物，都得納入以五行作為間架的體系，如東南西北中等五方，宮商角徵羽等五聲，青赤白黑黃等五色，等等。

五行思想在《周禮》中也得到了重要展現。比如對於國家重大祭祀，《周禮·地官》中就有奉牛牲、春官奉雞牲、夏官奉羊牲、秋官奉犬牲、冬官奉豕牲的設置。

在五行體系中，雞為木畜，羊為火畜、犬為金畜、豕為水畜、牛為土畜。《周禮》五官所奉五牲，與五行思想中五畜與五方的對應關係完全一致，具有明顯的五行類象的思想。與此相呼應，《周禮·地官》中就有春官「雞人」一職，夏官「羊人」一職，秋官「犬人」一職，冬官「豕人」一職等等。

由此可見，蘊涵於《周禮》內部的思想體系，有著較為明顯的戰國時期的時代特徵。當時百家爭鳴，諸家本各為畛域，《易》家言陰陽而不及五行，《洪範》言五行而不及陰陽；儒家諱論法治，法家諱談儒學。

後來，陰陽與五行，經由鄒衍方始結合；儒與法，經由荀子才相交融。儒、法、陰陽、五行的結合，肇於戰國末期的《呂氏春秋》。

《周禮》以儒家思想為主幹，融合法、陰陽、五行諸家，呈現出「多元一體」的特點。其精緻的程度，超過《呂氏春秋》。

以人法天綱領的《周禮》

《周禮》一書，體大思精，學術與治術無所不包，因而受到歷代學者的重視，後儒嘆為「非聖賢不能作」，誠非無稽之談。所謂「學術」，是說該書從來就是今古文之爭的焦點。

漢代經籍，用當時通行的隸書書寫的稱為「今文經」，用六國古文書寫的稱為「古文經」。漢初在孔子府宅的夾壁中發現的文獻，以及在民間徵得的文獻大多是古文經，而立於學官的都是今文經。今文經與古文經的記載不盡一致，因而雙方時有爭論。

儘管如此，《周禮》依然受到歷代學者的重視。唐人為「九經」作疏，其中最好的一部就是賈公彥的《周禮疏》，受到宋代大理學家朱熹的讚賞。

《周禮》的許多禮制，影響百代。如從隋代開始實行的「三省六部制」，其中的「六部」，就是仿照《周禮》的「六官」設置的。唐代將六部之名定為吏、戶、禮、兵、刑、工，作為中央官制的主體，為後世所遵循，一直沿用到清亡。

歷朝修訂典制也都參照《周禮》，比如唐代的《開元六典》、宋代《開寶通禮》、明代《大明集禮》等，也都是以《周禮》為藍本，斟酌損益而成。

《周禮》中的「左祖右社、面朝後市」的都城格局，也成為歷代帝王嚮往的楷模。比如元始祖忽必烈在建立元大都

倫理綱常─儒學著作

時,乃以《周禮》為範本,建立面朝後市、左祖右社的格局。以後的明、清兩代,不僅沿用不廢,還仿照《周禮》,建天壇、地壇、日壇、月壇、先農壇等,形成一定的布局。

此外,《周禮》對官員、百姓,採用儒法兼融、德主刑輔的方針,也顯示出它具有相當成熟的政治思想,而且有著駕馭百官的管理技巧。其中管理府庫財物的措施,嚴密細緻,相互制約,展現了高超的運籌智慧。總之書中有許多至今猶有生命力的,可以借鑑的制度。

【旁注】

聖人:具有特別美德和神聖的人。中國古代聖明的君主及後世道德高尚的學者,才能被稱為聖人。在中國傳統文化的定義裡,嚴格來說,它是指知行完備、至善之人,是有限世界中的無限存在,整體來說,「才德全盡,謂之聖人」。這個詞語最初是由儒家提出來的,所以聖人的原意,是專門指向儒家的。

禮樂:西周時期,周天子分封天下,所分封的諸侯國林立,為維護其以周天子為中心的有秩序的統治,周公旦開始制禮作樂,即周禮,作為各級貴族的政治和生活準則,成為維護宗法制度必不可少的工具。禮樂制度在這一時期得到非

常完善的發展,奠定了中國傳統文化的基調。

詩:是中國古代吟詠言志的文學題材與表現形式,漢代以後《詩》則專指中國最早的詩歌總集《詩經》。詩人一般泛指寫詩的人,在文學意義上,應是在詩歌創作上取得成就的人,是中國傳統文化重要的組成部分。

法家:指春秋戰國時期的一個學派,提倡以法治國。其範圍涉及法律、經濟、行政、組織、管理的社會科學,即涉及社會改革、法學、經濟學、金融、貨幣、國際貿易、行政管理、組織理論及運籌學等。主要代表人物有申不害、商鞅、韓非子、李斯等。對後世影響很大。

劉德(?~西元前130年):漢景帝劉啟之子,西漢藏書家。他和古文化寶貴遺產的保存和延續所做出的巨大貢獻是分不開的。留傳後世影響很大的《毛詩》和《左傳》,應是劉德之功績。漢武帝念其功勞,遂賜諡為「獻王」,當地人則俗稱之為「獻書王」。

六卿:官職僅次於宰相、三公的高級大臣,又稱六官,始見於西周。隋唐以後,以吏、戶、禮、兵、刑、工六部尚書分當天、地、四時官,稱六卿,唐高宗時,曾改吏、戶、禮、兵、刑、工六部尚書為天官、地官、春官、夏官、秋官、冬官尚書。

倫理綱常—儒學著作

　　五牲：代用作祭品的5種動物。具體說法不一。春秋時期左丘明的《左傳》說是牛、羊、豬、犬、雞；北魏時期酈道元的《水經注》說是麋、鹿、麏、狼、兔；還有的認為是麕、鹿、熊、狼、野豬。第一種說法流傳較廣。

　　《呂氏春秋》：又名《呂覽》，是戰國時期秦國丞相呂不韋主持他的門客編寫的雜家著作，全書共分12卷，注重博採眾家學說，以儒、道思想為主，並融合進墨、法、兵、農、縱橫、陰陽家等各家思想。其中保存了不少古代的遺文佚事和思想觀念，具有文學和歷史的參考價值。

　　忽必烈（西元1215年～西元1294年）：孛兒只斤‧忽必烈，元王朝的創建者。他是蒙古民族光輝歷史的締造者，是蒙古族卓越的政治家、軍事家。他是監國托雷第四子，元憲宗蒙哥的弟弟。蒙古尊號「薛禪汗」。他在位期間，建立行省制，加強中央集權，使得社會經濟逐漸恢復和發展。

【閱讀連結】

　　歷史上每逢重大變革之際，多有把《周禮》作為重要的思想資源，從中尋找變法或改革的思想武器者。如西漢的王莽改制、六朝的宇文周革典、北宋的王安石等，其變法無不以《周禮》為圭臬。清末，外患內憂交逼，為挽救頹勢，孫詒讓

作《周官政要》，證明《周禮》所蘊涵的治國之道不亞於西方。

任何一位空想家都不可能脫離現實來勾畫理想國的藍圖，《周禮》也是如此。在理想化的框架之下，作者利用了大量歷史材料加以填充。不過，作者在使用時往往根據需求做了加工和改造，這是讀《周禮》時必須注意的，也正是此書的複雜之處。

倫理綱常—儒學著作

先秦禮儀制度的《儀禮》

在中國上古氏族公社時期，每個人到了一定年齡，都要舉行一種入社儀式，並由此變化而成了冠禮。冠禮是氏族公社中男女青年進入成年階段必經的儀式。

按照當時的習慣，男女青年隨著成熟期的到來，需要在連續幾年內，受到一定程序的訓練，使具有必要的知識、技能和堅強的毅力，具備充當正式成員的條件。

到了奴隸制社會，冠禮成為貴族在本族中舉行的「成丁禮」。貴族襲用了傳統的形式，而賦予了新的內容，舉行這種冠禮的目的是鞏固貴族組織，加強宗法制度，從而有利於對人民的治理。成員們的權利和義務也都以此為中心，這就和氏族公社的入社儀式有著本質的不同。

再如鄉飲酒禮，它起源於氏族聚落的會食制度。這種禮節主旨在於尊長和養老。周族自從進入中原，建立王朝，其父系家長制已轉化成為宗法制度，原來習慣上應用的禮儀也轉化為維護宗法制度和貴族特權的手段。鄉飲酒禮就變成在基層行政組織中分別貴族長幼等次的禮節了。

先秦禮儀制度的《儀禮》

在中國歷史的早期,這種類似於冠禮、飲酒禮這樣的禮儀很多,還包括婚假、喪葬、朝聘等。但是遠古時期的一些禮儀流傳到夏商周時大半都失傳了,等夏商周的禮儀再流傳到漢代時,又有很多也失傳了。

到了漢代,有個博學多聞的人,他名叫叔孫通,他本是秦朝的博士,精通秦朝各種禮儀。到西漢時,叔孫通見秦代禮儀流傳到漢代的已經非常稀少了,他決定要寫一部書,來挽救這些瀕危的禮儀知識。

終於,叔孫通經過長期的努力,大多還原了秦代禮儀,還擬定了一套朝儀,甚至有些還保留了遠古及周代的生活禮儀,最終寫成了一本《儀禮》,成為了儒家重要的典籍之一。

士人們重視《儀禮》一書,自然不能不影響朝廷制禮作樂的工作。那時官員們的建言、駁難等都以「三禮」為理論根據,史書《晉書》和南北朝各史的《禮志》、《通典》、《文獻通考》中保留了大量這方面的文字。

儘管《儀禮》17篇所記儀節制度,遠遠不能滿足後世的需求,然而各朝禮典的制定,大都以《儀禮》為重要依據而踵事增華。中國歷代王朝很重視禮制。每個王朝的建立,都要物色一些精於禮學的專家,來制定一整套禮儀,因為禮制對於鞏固尊尊卑卑的等級制度,維護階級對立的社會秩序,都

倫理綱常——儒學著作

有很大的作用。

禮是儒家學說中的核心部分,先秦的「六經」中有《禮》,漢代將「五經」納入學官,其中也有《禮》。唐立「九經」中有「三禮」,即《周禮》、《儀禮》、《禮記》。宋代立「十三經」,中間也有「三禮」。可見,禮一直是古代貴族子弟和一般士人的必修課程,大多數士大夫的知識結構中,禮是重要的組成部分。

《儀禮》原來就叫《禮》,漢代人稱為《士禮》,對《禮記》而言,又叫《禮經》,到了晉代才稱《儀禮》。其實,改稱《儀禮》也不無道理,因為《儀禮》17篇全是禮儀的詳細紀錄,只記得儀節,不講禮的意義。宋代學者朱熹說:

《儀禮》不是古人預作一書如此,初間只是以義起,漸漸相襲,行得好,只管巧,至於情文極細密,極周經處,聖人見此意思好,故錄成書。

事實上,禮儀也好,禮俗也好,都有很大的因襲性。就拿跪拜禮節來說,它起源於原始社會,盛行於奴隸社會、封建社會,而它並沒有隨封建社會的結束而絕跡。

西漢著名史學家司馬遷在他所著的《史記・儒林列傳》中說,楚漢相爭時,劉邦「舉兵圍魯,魯中諸儒尚講誦習禮樂,弦歌之音不絕」。司馬遷說他自己親眼看到「仲尼廟堂車

服禮器,諸生以時習禮其家」的情景,而流連忘返。

還有,《儀禮》作為一部上古的經典,具有很高的學術價值。此書材料,來源甚古,內容也比較可靠,而且涉及面廣,從冠婚饗射到朝聘喪葬,無所不備,猶如一幅古代社會生活的長卷,是研究古代社會生活的重要史料之一。

書中記載的古代宮室、車旗、服飾、飲食、喪葬之制,以及各種禮樂器的形制、組合方式等等尤其詳盡,考古學家在研究上古遺址及出土器物時,每每要質正於《儀禮》。

《儀禮》還保存了相當豐富的上古語彙,為語言、文獻學的研究提供了價值很高的資料。《儀禮》對於上古史的研究幾乎是不可或缺的,古代中國是宗法制社會,大到政治制度,小到一家一族,無不浸潤於其中。

《儀禮》對宗法制度的闡述,是封建宗法制的理論形態,要深刻掌握中國古代的特質,就不能不求於此。此外,《儀禮》所記各種禮典,對於研究古人的倫理思想、生活方式、社會風尚等,都有不可替代的價值。

《儀禮》被後世的有識之士如司馬光、朱熹等進行刪繁就簡,取精用弘的改革,摘取其中最能展現儒家人文精神的冠、婚、喪、祭諸禮,率先實行,並在士大夫階層中加以提倡,收到了比較正面的成效,從而發揮了捍衛民族文化的作用。

倫理綱常—儒學著作

【旁注】

上古：中國傳統說法中的三古之一，即上古、中古和近古，是屬於較早的古代。一般被稱為中國神話傳說時期。《易·繫辭》、《禮記·禮運》中都稱伏羲時代前後為上古，也有稱上古為夏王朝以前的時代，也就是黃帝、女媧、神農、唐堯、虞舜、夏禹等時期。

周族：后稷創建的氏族。據《詩經·大雅》記載：「厥初生民，時維姜嫄。」相傳姜嫄履巨人腳印而生棄，棄為周之始祖。他的後代建立了周朝。西周初年，周天子姬發大封諸侯時，其中姬姓國53個。春秋戰國之後多數諸侯國多以被封之地為姓，姓氏合一。

叔孫通（？～約西元前194年）：漢代禮學家，初為秦待詔博士，後被秦二世封為博士。劉邦欲廢太子劉盈，通以不合禮儀勸阻，高祖聽從了他的意見。後來，他制定宗廟儀法及其他多種儀法，宋代大學者司馬遷尊其為漢家儒宗。

《晉書》：「二十四史」之一，記載了從司馬懿開始到晉恭帝元熙二年為止，包括西晉和東晉的歷史，並用「載記」的形式兼述了十六國割據政權的興亡。作者是令狐德棻，他的一生為史學事業做出了巨大貢獻，是初唐史學第一人。

六經：孔子整理的《詩》、《書》、《禮》、《易》、《樂》、《春

秋》，後稱為六經。這6部古書，從遠古留存下來，在孔子之前，為王室貴族所有，深為歷代執政者所寶重。《國語·楚語上》記載申叔時談到教育王室公子時所開列的教材即包含了這6部古書。可見它們在歷史上的重要地位。

〈儒林列傳〉：《史記》篇目之一，本篇記敘西漢前期多位五經儒學大師的事蹟，並附帶言及大師們的傳承弟子數十人，主要反映了漢武帝時期儒學興盛的局面。它是合寫眾多儒學之士的專題性類傳，因以「儒林」標題。

司馬光（西元1019年～西元1086年）：字君實，號迂叟，世稱「涑水先生」，他是北宋政治家、文學家、史學家。司馬光主持編纂了中國歷史上第一部編年體通史《資治通鑑》。他為人溫良謙恭、剛正不阿，他的人格堪稱儒學教化下的典範，歷來受人景仰。主要有史學巨著《資治通鑑》、《稽古錄》等。

【閱讀連結】

隨著封建制度的覆滅，《儀禮》及其派生禮典所記錄的一系列儀節就失去了社會憑藉，從而剝奪了它實踐的可能性，但《儀禮》一書仍然有較高的史料價值。

《儀禮》在中國古籍中屬於很枯燥難懂的一種書，但只要

倫理綱常─儒學著作

認真，講求點方法，總是能懂的。特別是利用以前學者的學習經驗和研究成果，那對閱讀就更有幫助了。比如，對書裡提到的各種名物禮器，如籩豆爵俎之類，既要細看注文，也要找相關書籍看看圖，就更能加強印象。如果把書中提到的各種器物分類記，自然更好。此外對一些常出現的、比較抽象的詞彙，要弄清其涵義。

儒家倫理觀之作《孝經》

孔子在家裡閒坐，他的學生曾子侍坐在旁邊。孔子說：「先代的帝王有其至高無上的品行和最重要的道德，以其使天下人心歸順，人民和睦相處。人們無論是尊貴還是卑賤，上上下下都沒有怨恨不滿。你知道那是為什麼嗎？」

曾子站起身來，他離開自己的座位回答說：「學生我不夠聰明，哪裡會知道呢？」

孔子說：「這就是因為孝，它是一切德行的根本，也是教化產生的根源。你回原來位置坐下，我告訴你。人的身體四肢、毛髮皮膚，都是父母賦予的，不敢予以損毀傷殘，這是孝的開始。人在世上遵循仁義道德，有所建樹，顯揚名聲於後世，從而使父母顯赫榮耀，這是孝的終極目標。所謂孝，最初是從侍奉父母開始，然後效力於國君，最終建功立業，功成名就。《詩經‧大雅‧文王》篇中說過，『怎麼能不思念你的先祖呢？要稱讚修行先祖的美德啊！』」

孔子又說：「從前，賢明的帝王侍奉父親很孝順，所以在祭祀天帝時能夠明白上天覆庇萬物的道理；侍奉母親很孝順，

倫理綱常—儒學著作

所以在社祭后土時能夠明察大地孕育萬物的道理；理順處理好長幼秩序，所以對上下各層也就能夠治理好。能夠明察天地覆育萬物的道理，神明感應其誠，就會彰明神靈、降臨福瑞來保佑。所以雖然尊貴為天子，也必然有他所尊敬的人，這就是指他有父親；必然有先他出生的人，這就是指他有兄長。」

孔子停了一下，繼續說：「如果你到宗廟裡祭祀致以恭敬之意，是沒有忘記自己的親人；修身養心，謹慎行事，是因為怕因自己的過失而使先人蒙受侮辱。到宗廟表達敬意，神明就會出來享受。對父母兄長孝敬順從達到了極致，即可以通達於坤明，光照天下。」

曾子問道：「那該如何侍奉君王呢？」

孔子說：「君子侍奉君王，在朝廷為官的時候，要想看如何竭盡其忠心；退官居家的時候，要想看如何補救君王的過失。對於君王的優點，要順應發揚；對於君王的過失缺點，要匡正補救，這樣君臣關係才能夠相互親敬。」

孔子繼續說：「孝子喪失了父母親，要哭得聲嘶力竭，發不出悠長的哭腔；舉止行為失去了平時的端正禮儀，言語沒有了條理文采，穿上華美的衣服就心中不安，聽到美妙的音樂也不快樂，吃美味的食物不覺得好吃，這是做子女的因失

儒家倫理觀之作《孝經》

去親人而悲傷憂愁的表現。在為父母守喪期間，3 天之後就要吃東西，這是教導人們不要因失去親人的悲哀而損傷生者的身體，不要因過度的哀毀而滅絕人生的天性，這是聖賢君子的為政之道。」

曾子問道：「那為什麼老師總是教導我們為親人守喪不能超過 3 年呢？難道不是時間越久越好嗎？」

孔子說：「為親人守喪不超過 3 年，是告訴人們居喪是有其終止期限的。辦喪事的時候，要為去世的父母準備好棺材、外棺、穿戴的衣飾和鋪蓋的被子等，妥善地安置進棺內，陳列擺設上、簋類祭奠器具，以寄託生者的哀痛和悲傷。出殯的時候，捶胸頓足，號啕大哭地哀痛出送。占卜墓穴吉地以安葬。興建起祭祀用的廟宇，使亡靈有所歸依並享受生者的祭祀。在春秋兩季舉行祭祀，以表示生者無時不思念亡故的親人。在父母親在世時以愛和敬來侍奉他們，在他們去世後，則懷著悲哀之情料理喪事。如此，就盡到了人生在世應盡的本分和義務。養生送死的大義都做到了，才算是完成了作為孝子侍奉親人的義務。」

曾子聽了很有感悟，他在孔子的教導下，逐漸對孝道有了更深的認知。後來，曾子和孔子其他門徒一起，將孔子所傳授的孝道寫成了一本《孝經》，這部書便成為了中國儒學經典。

倫理綱常——儒學著作

《孝經》是中國古代儒家的倫理學著作，集中闡發了儒家的倫理思想。《孝經》認為以孝為中心，認為孝是諸德之本，國君可以用孝治理國家，臣民能夠用孝立身理家，保持爵祿。

對於行孝的要求和方法，《孝經》也作了系統而詳細的規定，它主張把「孝」貫串於人的一切行為之中。此外，《孝經》還把道德規範與法律連繫起來，其中寫道：

五刑之屬三千，而罪莫大於不孝。

這句話明確提出要藉用國家法律的權威，維護其宗法關係和道德秩序。

《孝經》在唐代被尊為經書，南宋以後被列為「十三經」之一。在中國漫長的社會歷史過程中，它被看作是「孔子述作，垂範將來」的經典，對傳播和維護社會倫理、社會秩序發揮很大作用。

【旁注】

曾子（西元前505年～西元前435年）：字子輿，他16歲拜孔子為師，勤奮好學，頗得孔子真傳。積極推行儒家主張，傳播儒家思想，他的「修齊治平」的政治觀，「省身」、「慎獨」的修養觀，以孝為本的孝道觀影響中國2,000多年，

儒家倫理觀之作《孝經》

在儒學發展史乃至中華文化史上均占有重要的地位。

社祭：中國最早的社祭就是透過固定的儀式向神靈致以敬意，並且用豐厚的祭品供奉它，請求神靈幫助人們實現靠人力難以達成的願望。社祭的對象就是神靈。古代立社的位置，大致分國城中和郊外兩類，天子之社置國城中。

宗廟：指古代帝王、諸侯或大夫、士為維護宗法制而設立的祭祀祖宗的處所。中國古代祖先崇拜的產物。人們在陽間為亡靈建立的寄居所，即宗廟。帝王的宗廟制是天子七廟，諸侯五廟，大夫三廟，士一廟。庶人不准設廟。同時宗廟是供奉歷朝歷代國王牌位、舉行祭祀的地方。

簋：是中國古代用於盛放煮熟飯食的器皿，也用作禮器，流行於商朝至東周，是中國青銅器時期的象徵性青銅器具之一。青銅簋出現在商代中期，晚期前段逐漸增加。西周時期簋的數量甚多，早期一般沿襲商式，中期樣式繁多，晚期又趨於定型化。戰國以後，極少見到簋。

十三經：儒家的 13 部經書，即《易》、《書》、《詩》、《周禮》、《儀禮》、《禮記》、《春秋左傳》、《春秋公羊傳》、《春秋穀梁傳》、《論語》、《孝經》、《爾雅》、《孟子》。「十三經」作為儒家文化的經典，其地位之尊崇，影響之深廣，是其他任何典籍所無法比擬的。是了解和研究中國封建社會的必讀之書。

倫理綱常—儒學著作

【閱讀連結】

　　《孝經》在中國古代影響很大，歷代王朝無不標榜「以孝治天下」的政治主張。比如漢代就特別提倡孝道，褒獎孝悌。

　　兩漢時期，除西漢開國皇帝劉邦和東漢開國皇帝劉秀外，漢代皇帝都以「孝」為諡號，稱孝惠帝、孝文帝、孝武帝、孝昭帝等等，表明了朝廷的政治追求和對「孝」的尊崇。據《漢書》與《後漢書》帝王紀中記載，自西漢惠帝至東漢順帝，全國性對孝悌褒獎、賜爵達32次，地方性的褒獎則更多。可見《孝經》在漢代的重要性。

儒家倫理觀之作《孝經》

國家圖書館出版品預行編目資料

經傳寶典，古代經傳與文化內涵：四書、五經、三傳、儒學……禮與道，經典如何塑造社會與人心？ / 肖東發 主編,高立來 編著 . -- 第一版 . -- 臺北市：複刻文化事業有限公司, 2024.12
面；　公分
POD 版
ISBN 978-626-7620-15-1(平裝)
1.CST: 儒家 2.CST: 儒學 3.CST: 研究考訂
121.2　　　　　　　　　113018038

電子書購買

爽讀 APP

經傳寶典，古代經傳與文化內涵：四書、五經、三傳、儒學……禮與道，經典如何塑造社會與人心？

臉書

主　　編：	肖東發
編　　著：	高立來
發 行 人：	黃振庭
出 版 者：	複刻文化事業有限公司
發 行 者：	複刻文化事業有限公司
E - m a i l：	sonbookservice@gmail.com
粉 絲 頁：	https://www.facebook.com/sonbookss/
網　　址：	https://sonbook.net/
地　　址：	台北市中正區重慶南路一段 61 號 8 樓
	8F., No.61, Sec. 1, Chongqing S. Rd., Zhongzheng Dist., Taipei City 100, Taiwan
電　　話：	(02) 2370-3310　　傳　　真：(02) 2388-1990
印　　刷：	京峯數位服務有限公司
律師顧問：	廣華律師事務所 張珮琦律師

-版權聲明-

本書版權為大華文苑出版社所有授權複刻文化事業有限公司獨家發行繁體字版電子書及紙本書。若有其他相關權利及授權需求請與本公司聯繫。
未經書面許可，不得複製、發行。

定　　價：299 元
發行日期：2024 年 12 月第一版
◎本書以 POD 印製
Design Assets from Freepik.com